U0503181

# 三峡历史文化遗产资源
# 专题调查报告

国家文物局考古研究中心
湖北省文化和旅游厅 编
重庆市文化和旅游发展委员会

文物出版社

**图书在版编目（CIP）数据**

三峡历史文化遗产资源专题调查报告 / 国家文物局
考古研究中心, 湖北省文化和旅游厅, 重庆市文化和旅游
发展委员会编. -- 北京 : 文物出版社, 2023.11

  ISBN 978-7-5010-8201-8

  Ⅰ.①三… Ⅱ.①国… ②湖… ③重… Ⅲ.①三峡—
历史文物—文物保护—调查报告 Ⅳ.①K872.719

  中国国家版本馆CIP数据核字（2023）第179772号

## 三峡历史文化遗产资源专题调查报告

编　　者：国 家 文 物 局 考 古 研 究 中 心
　　　　　湖 北 省 文 化 和 旅 游 厅
　　　　　重庆市文化和旅游发展委员会

封面设计：秦　彧
责任编辑：秦　彧
责任印制：张道奇

出版发行：文物出版社
社　　址：北京市东城区东直门内北小街 2 号楼
邮　　编：100007
网　　址：http://www.wenwu.com
经　　销：新华书店
印　　刷：北京荣宝艺品印刷有限公司
开　　本：787mm×1092mm　1/16
印　　张：9.5　插页：1
版　　次：2023 年 11 月第 1 版
印　　次：2023 年 11 月第 1 次印刷
书　　号：ISBN 978-7-5010-8201-8
定　　价：180.00 元

本书版权独家所有，非经授权，不得复制翻印

# 序　言

　　三峡文物保护工程是我国实施的规模巨大的文物抢救保护行动。为配合三峡工程顺利建成蓄水，2000 年起，国家文物局就曾组织和协调全国 20 多个省、市的 226 所文物保护研究机构和大专院校、50 余位文物保护行业领域知名专家、13000 余名文物工作者共同参与的三峡文物抢救保护行动。共实施文物保护项目 1128 项，迁建和修复 364 项地面文物，新建、改建、扩建博物馆 34 座。2011 年三峡工程建成后，继续推动消落区考古发掘、文化遗产保护、环境整治及三峡历史文化展示等工作。三峡文物保护行动以来，迄今已考古出土文物 20 万余件 / 套，开放不可移动文物 524 处，其中 65 处不可移动文物所在地被评为 3A 级以上旅游景区，为三峡历史文化实现创造性转化、创新性发展，奠定坚实基础。

　　2021 年 3 月，习近平总书记对三峡文物保护利用作出重要批示。国家文物局立即部署安排，于 2021 年 4 月至 9 月，组织文博系统力量，集中开展了三峡历史文化遗产资源起底式调查工作。此次专题调查由国家文物局考古研究中心会同重庆市和湖北省文物主管部门及相关单位具体组织实施，共有 11 家中央、省、市级专业机构和 26 个区、县专业力量参与，投入调查工作人员近 200 人，专家 17 人。调查范围覆盖三峡全部 26 个区、县，调查各级各类文物保护管理机构和国有文物收藏单位 128 家，涉及 60 余项指标。

　　各调查参与单位密切配合，分工协作，编制了调查工作方案，建立了详备工作制度，制定了调查质量控制措施、数据采集处理标准规范等，收集整理三峡工程和三峡后续文物保护成果，第三次全国文物普查、第一次全国可移动文物普查以及抗战文物、革命文物、石窟寺石刻等专项调查工作成果。通过调查，全面掌握了三峡历史文化遗产资源的基本情况，系统分析总结了保护利用现状、主要成效、存在问题和未来需求，提出了对策和措施建议，实现了既定工作目标任务。这些工作为后续编制三峡文物保护利用规划、开展三峡文物保护利用工作奠定了基础，也为长江文物资源调查提供了范例。

2021 年 11 月，国务院办公厅印发的《"十四五"文物保护和科技创新规划》中明确提出，编制实施长江文物和文化遗产保护规划，重点加强三峡库区文物保护利用，实施一批重点文物保护修缮、周边环境整治、展示利用项目，建设长江文物保护利用展示设施。2023 年 4 月，《三峡文物保护利用专项规划》由国家文物局与文化和旅游部、国家发展改革委、自然资源部、水利部及重庆市和湖北省人民政府共同印发。

在习近平文化思想指引下，国家文物局统筹协调三峡文物保护利用工作，做好规划的组织实施、保障落实和跟踪评估工作，指导湖北省和重庆市建立协调合作机制，持续提升三峡文物保护利用水平，努力推动三峡文物保护利用成为长江文物保护利用的典范，积极助力长江经济带高质量发展。

《三峡历史文化遗产资源专题调查报告》编写组
2023 年 11 月

# 目　录

# 第一章　调查工作概况

## 第一节　调查范围

三峡历史文化遗产资源调查涉及重庆市和湖北省的 26 个区、县全域范围，包括重庆市所辖的巫山县、巫溪县、奉节县、云阳县、开州区、万州区、忠县、涪陵区、丰都县、武隆区、石柱土家族自治县、长寿区、渝北区、巴南区、江津区、渝中区、北碚区、沙坪坝区、南岸区、九龙坡区、大渡口区和江北区；湖北省宜昌市所辖的夷陵区、秭归县和兴山县，恩施土家族苗族自治州所辖的巴东县（图 1-1）。

此外，与三峡文物保护密切相关的重庆中国三峡博物馆、重庆红

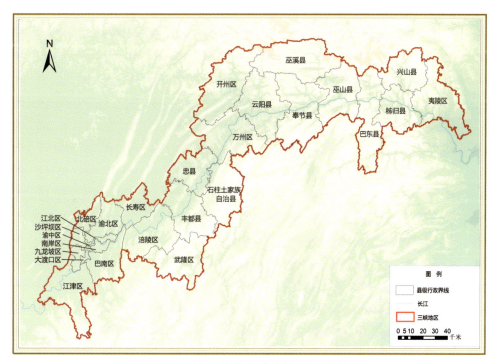

图 1-1　三峡历史文化遗产资源调查范围

岩联线文化发展管理中心（重庆红岩革命历史博物馆）、重庆市文化遗产研究院、重庆自然博物馆、重庆市文化和旅游研究院、湖北省博物馆（湖北省文物考古研究所）和湖北省宜昌博物馆等 7 家文博单位一并纳入调查范围。

# 第二节　调查对象和内容

本次调查对象为三峡范围内的不可移动文物、可移动文物、历史文化名城名镇名村、历史文化街区、传统村落和非物质文化遗产。具体内容包括：

## 1. 不可移动文物

以县级文物主管部门登记公布的不可移动文物为基础，调查不可移动文物的基本信息，包括名称、位置、级别、年代、类别、数量（规模）、保存状况、产权、管理和利用情况等。

## 2. 可移动文物

以国有文物收藏单位登记在册的可移动文物为基础，调查可移动文物基本信息，包括名称、级别、年代、类别、完残程度、保存状况、数量、来源、保管机构等，以及三峡出土文物整理、登记、定级、保护修复和展陈利用情况等。

## 3. 文物保护管理机构

包括文物保护管理机构基本情况、人员编制、场馆面积、藏品数量、展陈面积、展品数量，以及文物保护、考古发掘、研究阐释、文创产品开发情况等。

## 4. 不可移动文物保护利用需求

调查不可移动文物在保护规划编制与方案设计、考古发掘、本体保护维修、保护设施、展示利用设施、环境整治、配套基础设施建设等方面的工作计划和资金需求。

### 5. 馆藏文物保护修复需求

调查馆藏珍贵文物抢救修复、预防性保护、数字化保护利用等工作思路和资金需求，以及国有博物馆新建、改建和扩建项目、面积和资金需求等。

### 6. 调查统计各级历史文化名城名镇名村、历史文化街区、传统村落和非物质文化遗产基本信息

包括名称、所在地、级别、类别、公布时间、保护管理机构等。

### 7. 三峡文物活化利用现状

# 第三节　调查方式和质量控制

（1）调查主要利用已有相关调查成果、规划计划及工作资料，包括第三次全国文物普查、第一次全国可移动文物普查、三峡文物保护专项验收资料，历史文化名城名镇名村、历史文化街区和非物质文化遗产名录等。在此基础上，对历史文化遗产资源的保护、利用情况进行梳理分析。

（2）调查以县域为基本调查单元。调查的具体组织实施，文物信息数据的采集、汇总，调查资料档案的建立，名录的编制等均以县级行政区域为基本单位。

（3）调查工作由国家文物局考古研究中心依据已有相关调查标准规范和质量控制标准，确定本次调查的相关工作要求、调查统计表格和调查报告体例等。

（4）为确保本次调查工作高效、优质、足量完成，根据"分级负责、统一标准、规范登录、严格把关"的原则，按照第三次全国文物普查和第一次全国可移动文物普查相关标准，统一数据采集处理标准规范；加强调查各环节的检查督促，及时开展调查资料抽检、集中答疑指导、成果复核验收等工作，有效确保调查工作的全流程质量控制。

## 第四节　调查组织实施

按照国家文物局《关于开展三峡历史文化遗产资源专题调查工作的通知》（办保函〔2021〕391号）要求，调查组织实施采取"属地管理、分级负责、层层落实"的原则，由国家文物局组织领导，国家文物局考古研究中心牵头，重庆市和湖北省负责本省市调查工作的组织实施，各区县负责辖区范围内具体调查工作。调查工作从2021年4月开始筹备，至2021年9月结束，共分为三个阶段。

1. 前期筹备（2021年4～5月）

组建调查领导小组、工作组和专家组（图1-2）。国家文物局成立调查领导小组，由分管副局长任组长，国家文物局考古司、科技教育司、考古研究中心、重庆市文化和旅游发展委员会、湖北省文化和旅游厅相关负责同志任副组长和成员。国家文物局考古研究中心成立项目工作组，由考古理论与技术研究所具体负责此项调查工作，并聘请

图1-2　国家文物局考古研究中心与重庆市文化和旅游发展委员会工作协调会

国内三峡文物考古专家组成项目专家组。重庆市文化和旅游发展委员会、湖北省文化和旅游厅也分别组建了以分管副主任、副厅长为组长的调查工作领导小组,指定重庆市文化遗产研究院和湖北省文物事业发展中心为各自省市调查牵头单位,并组建省级工作指导组和专家组,确定调查联络人员,建立工作微信群等。

制定调查工作方案和工作制度。按照国家文物局相关要求,结合调查工作实际,国家文物局考古研究中心收集汇总相关材料,制定了《三峡库区历史文化遗产资源专题调查工作方案》(见附录二),对此次调查的目标、任务、内容、范围、方式、组织实施、进度安排等进行了具体部署,并确定了调查报告体例,设计了相关调查表格。4月23日,国家文物局正式印发《国家文物局办公室关于开展三峡库区历史文化遗产资源专题调查工作的通知》和工作方案(见附录一)。重庆市和湖北省根据通知要求,分别编制了本省市的调查工作方案,并于5月26日和6月7日印发调查通知和工作方案。国家文物局考古研究中心与重庆市、湖北省一道加强工作联系,建立了调查督导、沟通协调、信息通报、专家咨询等工作制度,制定了调查质量控制措施、数据采集处理标准规范等,为调查工作开展奠定坚实基础。

组建调查队伍,落实调查经费。为确保调查工作顺利开展,重庆市和湖北省分别组建调查工作队伍,对调查人员开展相关专业知识技能培训,确保市县(区)两级调查人员普遍掌握调查所需的业务知识和操作技能。按照调查工作实际需要,国家文物局考古研究中心、重庆市和湖北省分别编制了调查工作经费预算,主要用于调查机构工作运行、组织宣传、人员培训、调查实施、质量控制、信息采集和数据管理等。在前期专项资金未能到位的情况下,各调查参与单位先行垫资,确保调查工作及时开展。

### 2. 调查实施(2021年6～7月)

2021年5月28日,重庆市组织召开三峡历史文化遗产资源专题调查工作暨培训会(图1-3);6月18日,湖北省组织召开三峡历史文化遗产资源专题调查工作动员会(图1-4);各区县、各单位也均召开了调查工作部署会议。调查工作进入实质性实施阶段。

图 1-3　重庆市三峡历史文化遗产资源专题调查工作暨培训会

图 1-4　湖北省三峡历史文化遗产资源专题调查工作动员会

　　在调查工作开展初期，各实施单位充分利用已有的文物信息化成果，将第三次全国文物普查数据、第一次全国可移动文物普查数据等按照调查表格填写需求统一进行数据导出和转换，并根据此次调查标准进行核对完善，有效减少了调查工作量，提高了调查的效率。同时，对第一次全国可移动文物普查中未开箱登录的部分文物标本以及三峡后续工作时期考古发掘中新出土的文物标本登录上账，对第三次全国文物普查后新发现的不可移动文物点进行补充登录。

　　在初期完成信息采集登录基础上，各调查单位组织专业人员按照工作方案中制定的质量控制措施、数据采集处理标准规范对全部基础调查资料进行初步检查，及时发现基础资料中的错漏和不足，确保完整性和真实性；对调查成果尤其是新发现的不可移动文物开展实地现场复核，准确把握其基本信息与价值内涵（图 1-5 ～ 7）。信息审核复

图 1-5　专题调查主要工作方式（核对信息）

图 1-6　专题调查主要工作方式（登录上账）

图1-7　专题调查主要工作方式（现场调查）

图1-8　国家文物局考古研究中心组织专家组在湖北省和重庆市调研调查工作
（查阅文物档案记录）

核采取三级审核机制，包括各区县自审、重庆市和湖北省省级工作组审核和国家文物局考古研究中心派专家组抽查复核，确保调查数据准确、真实、规范（图1-8～11）。到7月底，调查资料和信息的汇总审核工作基本完成。

3. 调查报告撰写（2021年8～9月）

从8月初开始，进入调查报告的撰写阶段。报告撰写采取了"分级、分块负责，层层上报汇总"的原则。先由各区县在汇总调查资料和数据基础上，编制完成区县调查报告提交省市牵头单位；重庆市文化遗

图 1-9　国家文物局考古研究中心组织专家组在湖北省和重庆市调研调查工作（查看文物库房和登录情况）

图 1-10　国家文物局考古研究中心组织专家组在湖北省和重庆市调研调查工作（工作汇报和座谈）

图 1-11　重庆市专题调查工作推进会

产研究院（负责不可移动文物、历史文化名镇名村、传统村落和历史文化街区版块，以及全市总报告汇总）、重庆中国三峡博物馆（负责可移动文物版块）、重庆市文化和旅游研究院（负责非物质文化遗产版块）共同承担重庆市级总报告的编撰工作；湖北省文物事业发展中心负责组织编写湖北省级总报告，湖北省博物馆（湖北省文物考古研究所）、湖北省古建筑保护中心（湖北省文物信息交流中心）参与部分内容的编撰；国家文物局考古研究中心负责调查总报告的编写。在多方努力之下，三峡历史文化遗产资源专题调查报告于9月底基本成稿。

# 第二章 三峡历史文化遗产资源基本情况

## 第一节 总体概况

截至 2020 年 12 月 31 日，三峡范围内共登录不可移动文物 16601 处，包括全国重点文物保护单位 58 处、省级文物保护单位 282 处、市县级文物保护单位 1498 处；登录可移动文物总量 544799 件 / 套，包括一级文物 1018 件 / 套、二级文物 2566 件 / 套、三级文物 27486 件 / 套，珍贵标本、化石 2789 件 / 套（附表 1）。

其中，不可移动文物中含三峡工程保护文物 1122 处、三峡后续保护文物 150 处（附表 2）；可移动文物中含三峡出土文物 207187 件 / 套（三峡工程出土文物 172674 件 / 套、三峡后续考古出土文物 34513 件 / 套）（附表 6）。已公布国家级历史文化名城 1 个（重庆市）、历史文化名镇 14 个、历史文化名村 1 个，省级历史文化名城 1 个、历史文化名镇 16 个（含三峡迁建传统风貌镇和亟待抢救传统风貌镇）、历史文化名村 16 个；国家级历史文化街区 1 个，省级历史文化街区 9 个；中国传统村落 36 个，省级传统村落 13 个；公布代表性非物质文化遗产 2325 项，包括国家级 40 项、省级 450 项、市州级 32 项、区县级 1803 项（附表 1）。

## 第二节 空间分布

不可移动文物方面，重庆市 15155 处，占比 91.3%，湖北省 1446 处，占比 8.7%。重庆市 22 个区县中有 8 个区县的数量超过了 1000 处，最多的为武隆区（1565 处），其次为巴南区（1498 处）和云阳县（1205 处），最少的为九龙坡区（94 处）；湖北省 4 个区县中数量最多的为兴山县（437

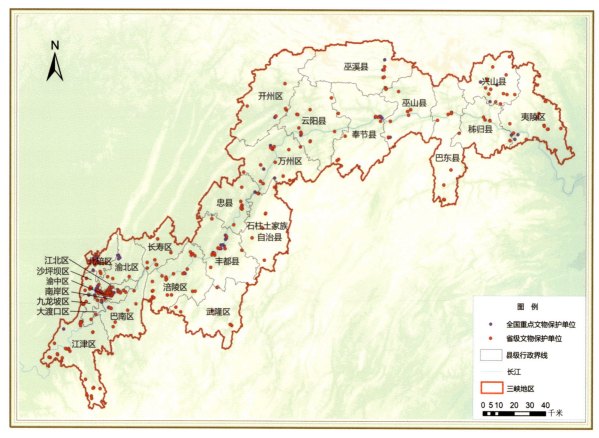

图 2-1　三峡重要不可移动文物分布图

处），其次为秭归县（368 处）和夷陵区（334 处）（图 2-2；附表 2）。

可移动文物方面，重庆市 509082 件 / 套，占比 93.4%，湖北省 35717 件 / 套，占比 6.6%（图 2-2）。重庆市单独统计的国有文物收藏单位中，最多的为重庆中国三峡博物馆（123401 件 / 套），其次为重庆自然博物馆（100612 件 / 套）和重庆市文化遗产研究院（48341 件 / 套），三家单位合计占重庆可移动文物总量的 53.5%；22 个区县中有 5 个区县超过 2 万件 / 套，最多的为万州区（28753 件 / 套），其次为巫山县（28290 件 / 套）和忠县（23555 件 / 套），最少的为江北区（329 件 / 套）；若以三峡出土文物统计，收藏单位中最多的为重庆市文化遗产研究院（37404 件 / 套），其次为重庆中国三峡博物馆（7866 件 /

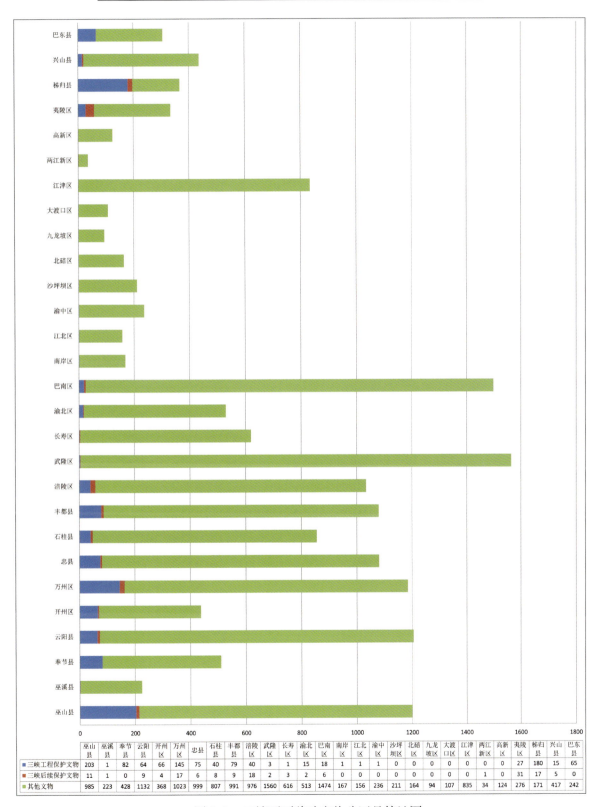

| | 巫山县 | 巫溪县 | 奉节县 | 云阳县 | 开州区 | 万州区 | 忠县 | 石柱县 | 丰都县 | 涪陵区 | 武隆区 | 长寿区 | 渝北区 | 巴南区 | 南岸区 | 江北区 | 渝中区 | 沙坪坝区 | 北碚区 | 九龙坡区 | 大渡口区 | 江津区 | 两江新区 | 高新区 | 夷陵区 | 秭归县 | 兴山县 | 巴东县 |
|---|---|---|---|---|---|---|---|---|---|---|---|---|---|---|---|---|---|---|---|---|---|---|---|---|---|---|---|---|
| 三峡工程保护文物 | 203 | 1 | 82 | 64 | 66 | 145 | 75 | 40 | 79 | 40 | 3 | 1 | 15 | 18 | 1 | 1 | 1 | 0 | 0 | 0 | 0 | 0 | 0 | 0 | 27 | 180 | 15 | 65 |
| 三峡后续保护文物 | 11 | 1 | 0 | 9 | 4 | 17 | 6 | 8 | 9 | 18 | 2 | 3 | 2 | 0 | 0 | 0 | 0 | 0 | 0 | 0 | 1 | 0 | 0 | 0 | 31 | 17 | 5 | 0 |
| 其他文物 | 985 | 223 | 428 | 1132 | 368 | 1023 | 999 | 807 | 991 | 976 | 1560 | 616 | 513 | 1474 | 167 | 156 | 236 | 211 | 164 | 94 | 107 | 835 | 34 | 124 | 276 | 171 | 417 | 242 |

图 2-2　三峡不可移动文物分区县统计图

套），区县中最多的为巫山县（21982 件 / 套），其次为云阳县（21621 件 / 套）和万州区（19878 件 / 套），主城区中除渝北区、巴南区和南岸区外，其他区均无三峡出土文物。湖北区县中最多的为巴东县（11808 件 / 套）、最少的为兴山县（3496 件 / 套）；湖北省博物馆（湖北省文物考古研究所）收藏三峡出土文物 2469 件 / 套（附表 6；图 2-3）。

综合不可移动文物和可移动文物空间分布来看，巫山县、云阳县、万州区和忠县等 4 个区县的不可移动文物超过 1000 处并且可移动文物超过 2 万件 / 套，丰都县和涪陵区的不可移动文物超过 1000 处，可移动文物也分别达到了 17602 件 / 套和 14600 件 / 套，这是文物资源最为丰富的 6 个区县（附表 6）。如果从更大一些的空间尺度看，重庆主城区是分布最密集的地区，拥有不可移动文物 3280 处，可移动文物 333717 件 / 套，分别占三峡总量的 19.8% 和 61.3%。

历史文化名城名镇名村、历史文化街区和传统村落方面，重庆市有各级历史文化名城 1 个、历史文化名镇 30 个（含三峡迁建传统风貌镇和亟待抢救传统风貌镇）、历史文化名村 17 个，历史文化街区 10 个，传统村落 45 个（图 2-4），此类资源在重庆市 22 个区县均有分布，其中石柱县有各级历史文化名镇 1 个、名村 2 个，传统村落 18 个，是此类资源总量最多的区县，其次为江津区，拥有各级历史文化名城 1 个、名镇 6 个（含亟待抢救传统风貌镇 1 个）、名村 2 个，历史文化街区 1 个，传统村落 5 个，是此类资源类型最全的区县；湖北省仅有 4 个国家级传统村落，其中兴山县 2 个，秭归县和巴东县各 1 个（附表 13）。

非物质文化遗产方面，重庆市 2085 项，占比 89.7%，湖北省 240 项，占比 10.3%（图 2-5）；重庆市 22 个区县中有 7 个区县数量超过 100 项，最多的为忠县（219 项），其次为武隆区（159 项）和涪陵区（154 项）；湖北省最多的为秭归县（83 项），其次为兴山县（65 项）和夷陵区（48 项）（附表 14；图 2-5）。

| | 新区 | 重庆中国三峡博物馆 | 重庆市文化遗产研究院 | 重庆自然博物馆 | 重庆红岩联线文化发展管理中心 | 夷陵区 | 秭归县 | 兴山县 | 巴东县 | 湖北省博物馆 | 湖北省文物考古研究所 |
|---|---|---|---|---|---|---|---|---|---|---|---|
| | 0 | 1224 | 17772 | 0 | 0 | 9146 | 3188 | 1009 | 10358 | 287 | 2182 |
| | 0 | 6642 | 19632 | 0 | 0 | 0 | 265 | 341 | 21 | 0 | 0 |
| | 1 | 115535 | 10937 | 100612 | 28685 | 699 | 8099 | 3496 | 11808 | 287 | 2182 |

100000                  120000

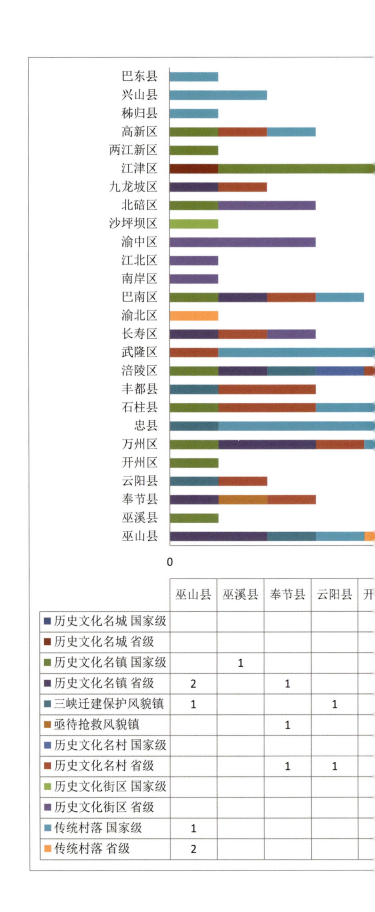

| | 巫山县 | 巫溪县 | 奉节县 | 云阳县 | 开 |
|---|---|---|---|---|---|
| ■ 历史文化名城 国家级 | | | | | |
| ■ 历史文化名城 省级 | | | | | |
| ■ 历史文化名镇 国家级 | | 1 | | | |
| ■ 历史文化名镇 省级 | 2 | | 1 | | |
| ■ 三峡迁建保护风貌镇 | 1 | | | 1 | |
| ■ 亟待抢救风貌镇 | | | 1 | | |
| ■ 历史文化名村 国家级 | | | | | |
| ■ 历史文化名村 省级 | | | 1 | 1 | |
| ■ 历史文化街区 国家级 | | | | | |
| ■ 历史文化街区 省级 | | | | | |
| ■ 传统村落 国家级 | 1 | | | | |
| ■ 传统村落 省级 | 2 | | | | |

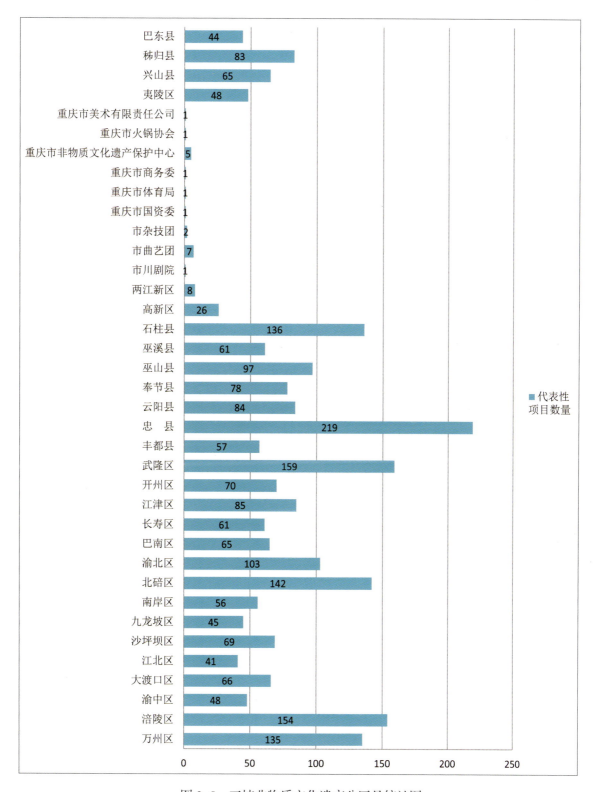

图 2-5 三峡非物质文化遗产分区县统计图

## 第三节  类型构成

不可移动文物方面，古墓葬最多（9550 处），占比 57.5%，其次为古建筑（2816 处）和近现代重要史迹及代表性建筑（1537 处），占比分别为 17% 和 9.3%，古遗址（1430 处）和石窟寺及石刻（1240 处）分别只占 8.6% 和 7.5%，其他不可移动文物占 0.2%（图 2-6）。湖北省不可移动文物类型构成比例稍有不同，古墓葬和古建筑仍排在前两位，占比分别为 41.6% 和 21.3%，排在第三位的为古遗址，占比 20.8%，近现代重要史迹及代表性建筑只占 12.7%，石窟寺及石刻仅占 3.3%，呈现出与重庆市不一样的特点（附表 3）。

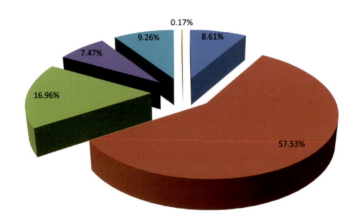

图 2-6  三峡不可移动文物类型构成图

可移动文物方面，数量排名前三位的是陶器（99734 件 / 套，占比 22.5%）、钱币（56732 件 / 套，占比 12.8%）和瓷器（53281 件 / 套，占比 12%），占比超过 5% 的还有石器、石刻、砖瓦（36390 件 / 套，占比 8.2%）以及古籍图书（30641 件 / 套，占比 6.9%）（图 2-7）。湖北省可移动文物类型构成比例也与重庆市有所差异，数量最多的为钱币，占比 28.9%，其次为石器、石刻、砖瓦，占比 22.3%，然后才是陶器和瓷器，分别占比 12.8% 和 10.9%，另外，古籍图书占比为 10%（附表 9）。

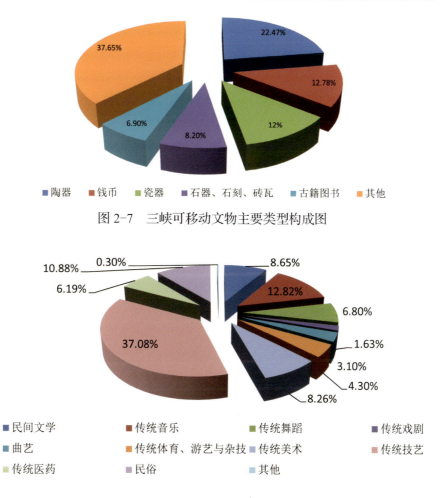

图 2-7　三峡可移动文物主要类型构成图

图 2-8　三峡非物质文化遗产类型构成图

非物质文化遗产方面，数量最多的是传统技艺（862 项），占比 37%，其次为传统音乐（298 项）和民俗（253 项），占比分别为 12.8% 和 10.9%，曲艺和传统戏剧排在末两位，分别只占 3.1% 和 1.6%（图 2-8；附表 15）。

## 第四节　保护级别

不可移动文物方面，有各类文物保护单位 1838 处，占全部不可移动文物数量的 11.2%，低于全国平均水平（约 18%）。其中全国重点文物保护单位 58 处、省级文物保护单位 282 处、市县级文物保护单位

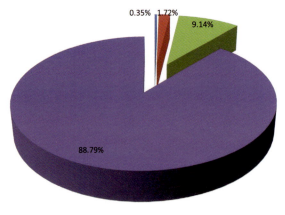

0.35%　1.72%
9.14%

88.79%

■全国重点文物保护单位　■省级文物保护单位　■市县级文物保护单位　■未定级

图 2-9　三峡不可移动文物保护级别构成图

1498 处（图 2-9）。从空间分布上看，全国重点文物保护单位中，重庆市 53 处，湖北省 5 处，省级文物保护单位中，重庆市 251 处，湖北省 31 处（附表 1）；从区县分布看，拥有全国重点文物保护单位数量最多的是渝中区（19 处，含跨区分布的国保单位，下同），其次为沙坪坝区（6 处）和北碚区（4 处），这三个区均位于重庆主城区，并且类型上除 2 处古建筑外，其余均为近现代重要史迹及代表性建筑，而渝北区和巴东县还未有国保单位；省级文物保护单位数量最多的仍是渝中区（48 处），其次为江津区（25 处）和涪陵区（21 处）。从类型上看，58 处国保单位中，近现代重要史迹及代表性建筑 31 处、古建筑 12 处、古遗址 9 处、石窟寺及石刻 4 处、古墓葬 2 处；省级文物保护单位中，近现代重要史迹及代表性建筑 124 处、古建筑 85 处、古遗址 38 处、古墓葬 21 处、石窟寺及石刻 16 处，可见近现代重要史迹及代表性建筑、古建筑和古遗址是三峡核心文物资源的主要类型。

　　可移动文物中，有珍贵文物 31070 件 / 套，包括一级文物 1018 件 / 套、二级文物 2566 件 / 套、三级文物 27486 件 / 套，珍贵标本、化石 2789 件 / 套。从空间分布上看重庆市有一级文物 993 件 / 套，占比 97.5%，二级文物 2425 件 / 套，占比 94.5%，三级文物 27139 件 / 套，占比 98.7%，珍贵标本、化石占比 100%（主要是由于重庆市自然博物馆纳入了此次调查统计之中），湖北省则分别只占 2.5%、5.5% 和 1.3%，无珍贵标本、化石（图 2-10；附表 1）。

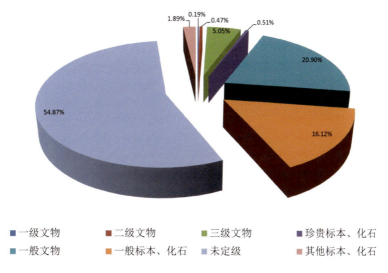

图 2-10　三峡可移动文物级别构成图

历史文化名城名镇名村、历史文化街区和传统村落方面，国家级历史文化名城 1 个、历史文化名镇 14 个、历史文化名村 1 个，省级历史文化名城 1 个、历史文化名镇 16 个（含三峡迁建传统风貌镇和亟待抢救传统风貌镇）、历史文化名村 16 个；国家级历史文化街区 1 个，省级历史文化街区 9 个；中国传统村落 36 个，省级传统村落 13 个（图2-11）。除了 4 个中国传统村落在湖北外，其余均在重庆。

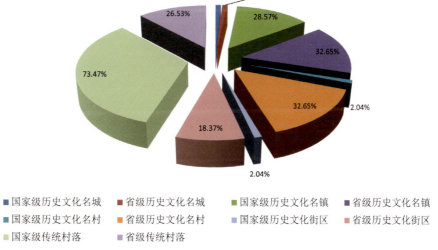

图 2-11　历史文化名城名镇名村、历史文化街区和传统村落保护级别构成图

非物质文化遗产方面，国家级 40 项、省级 450 项、市州级 32 项、区县级 1803 项（图 2-12；附表 1）。国家级非物质文化遗产数量最多的单位是重庆市曲艺团（4 项），其次为重庆市非物质文化遗产保护中心（2 项），区县中最多的为湖北省宜昌市夷陵区（4 项），其次为重庆市渝中区、石柱县以及湖北省宜昌市兴山县、秭归县（均为 3 项），类型上传统音乐最多（13 项），其次为曲艺（6 项）和民间文学（5 项）。

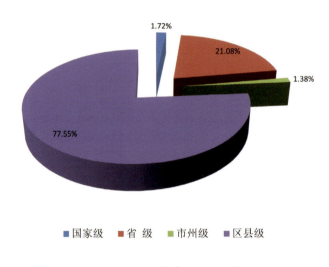

图 2-12　非物质文化遗产保护级别构成图

## 第五节　年代分布

不可移动文物中，清代最多（11804 处），占比 71.1%，其次为近现代（1832 处）和战国秦汉（1296 处），占比分别为 11% 和 7.8%（图 2-13，附表 4）。可移动文物中，历史学年代最多（377335 件 / 套），占 69.3%，其次为地质年代（100934 件 / 套）和考古学年代（30065 件 / 套），各占 18.5% 和 5.5%；具体到历史学年代，汉代最多（103342 件 / 套），占 27.4%，其次为清代（75174 件 / 套）和民国（56932 件 / 套），分别占 19.9% 和 15.1%（附表 8）。由此可见，战国秦汉、清代和近现代是三峡文物资源较为集中的三个历史时期。

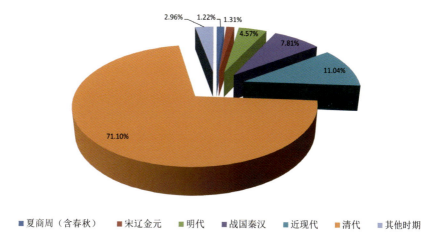

图 2-13　三峡不可移动文物主要年代分布图

# 第六节　保存状况

不可移动文物中，保存好（991 处）的占 6%，较好（2433 处）的占 14.7%；保存较差（2647 处）的占 15.9%，保存差（1788 处）的占 10.8%，合计占比超过四分之一；保存一般的占比 52.7%（图 2-14；附表 5）。其中，重庆市保存好和较好的合计占比 18.9%，较差的占比 16.5%，差的占比 11.1%；湖北保存好和较好的合计占比 36.4%，较差的占比 9.6%，差的占比 7.8%。重庆市不可移动文物整体保存状况相对要稍差一些。

可移动文物中，完整和基本完整的占 62.7%，残缺的占 29.4%，严重残缺的占 7.9%（图 2-15；附表 11）；从两省市来看，湖北省完整和基本完整的占 56.9%，残缺的占 31.5%，严重残缺的占 11.6%，重庆市完整和基本完整的占 63.1%，残缺的占 29.2%，严重残缺的占 7.7%。湖北省可移动文物整体保存状况相对要稍差一些。从修复需求角度看，可移动文物中，状态稳定、不需修复的占 65.2%，部分损腐、需要修复的占 26.6%，腐蚀损毁严重、急需修复的占 3.2%，已修复的占 5.1%（图 2-16；附表 12）；从两省市来看，湖北省状态稳定、不需修复的占 56.6%，部分损腐、需要修复的占 31.1%，腐蚀损毁严重、急需修复的占 7.1%，已修复的占 5.1%，重庆市状态稳定、不需修复的占 65.8%，

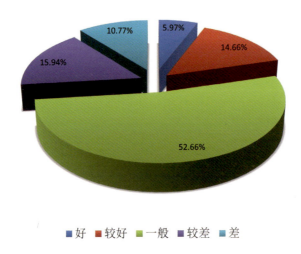

图 2-14　三峡不可移动文物保存状况统计图

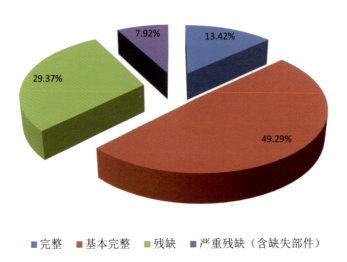

图 2-15　三峡可移动文物完残程度统计图

部分损腐、需要修复的占 26.2%，腐蚀损毁严重、急需修复的占 2.9%，已修复的占 5%，整体而言，湖北省需要修复的比例较高，但重庆市需要修复的绝对数量较多。

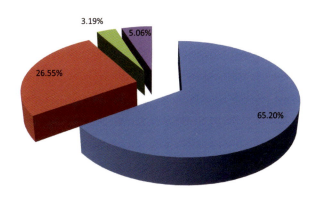

图 2-16　三峡可移动文物保存状况统计图

# 第七节　价值分析

三峡地理位置十分重要，其东南、东北与鄂西交界，西南与川黔相邻，西北与川陕相接，是连接长江流域上下游的咽喉要道，是我国重要的文化走廊、信息渠道和物流通道，沟通了江汉平原和成都平原，串联了长江上游巴蜀文化和中游荆楚文化，自古以来就是多个族群、多种文化的交汇之地，蜀文化、巴文化、楚文化和中原文化在此交汇融合。特殊的地理、生态环境与人文氛围，孕育出特色鲜明的三峡文化，是长江文化的重要组成部分。众多的历史文化遗产见证了三峡从旧石器时代以来延绵不绝、传承有序的发展历程，展现了作为中华民族多元一体文化组成部分的独特面貌，是构建三峡文化格局、增进地域文化认同的重要载体。

1. 见证了三峡延绵不绝、传承有序的历史发展历程，是中华文明起源发展和中华民族多元一体演进格局的重要组成部分

三峡历史文化遗产资源不仅时代序列完整，涵盖了从旧石器时代、新石器时代、商周、战国秦汉、隋唐、宋元、明清到近现代等中国历

史发展所有时段，几乎没有断档，连续性较强，并且资源类型丰富，既涵盖了物质文化遗产和非物质文化遗产的所有类别，同时各类别的数量也较为丰富（图2-17～20）。三峡的物质文化遗产对研究、认识、反映三峡的区域开发史、经济发展史、城市史、环境变迁史、建筑史、科技史、手工业史、水利水文史、交通史、民族史、人口史、艺术史、宗教史、战争史等都具有极其重要的价值，特别是在探索人类史前史方面的价值尤为突出，如巫山龙骨坡人类化石的发现和研究对于中国境内乃至亚洲人类起源等问题的探索和解决具有重要意义，能够了解原始人类社会生产和生活；而非物质文化遗产能够充分反映三峡先民们的生产、生活和思想精神状况。同时，三峡历史文化资源证明三峡在中华文明起源发展和中华民族多元一体演进格局上基本保持了一致性和同步性，是其中重要的一环和组成部分。

图2-17　忠县中坝遗址近五千年地层堆积

图 2-18 巫山龙骨坡遗址

图 2-19 巫山大溪遗址

图 2-20　忠县哨棚嘴遗址

**2. 展现了三峡独特的文化面貌，反映了中华文化博大精深、兼收并蓄的特点**

三峡历史文化遗产资源体现了三峡历代的文化结构、文化风貌、文化特征、文化空间的分布等文化内涵（图 2-21 ～ 27）。由于三峡特殊的地理、生态环境与人文氛围，自古以来就是多个族群、多种文化的交汇之地，蜀文化、巴文化、楚文化在此交汇融合。通过古代城址、聚落遗址、古代墓葬、手工业遗存、古代和近现代建筑、水利水文石刻和相关遗迹、宗教造像、古代和近现代战争遗迹、交通设施和相关遗迹、著名历史人物遗存等不同类别的物质遗产，能够让我们感知到三峡的历史文化、手工业文化、建筑文化、宗教文化、革命文化等特

图 2-21　巴东"楚蜀鸿沟"石刻

图 2-22　开州余家坝巴文化遗址

图 2-23　忠县崖脚楚墓

图 2-24　西陵峡口的三游洞石刻群

图 2-25　忠县丁房阙（2000 年）和无铭阙

图 2-26　忠县乌杨阙

图 2-27　秭归凤凰山古建筑群

色文化，而非物质文化遗产是三峡深厚传统文化的活态呈现，两者共同构成了独特的三峡文化，本身就具有兼收并蓄、内涵丰富的特征，充分体现了中华文化博大精深、兼收并蓄的特点。

3. 体现了三峡协调共生的人地关系，反映了人类面对自然和社会需求时科学技术的创新和发展

三峡历史文化遗产资源反映了当时人类活动与自然环境或者生态环境的关系，通过山地民居、交通设施、水利水文石刻等相关文化遗存的考察可以了解三峡历史上的自然环境或生态环境变化，以及人类为适应自然或生态环境变化所做的努力；有关科学、技术等方面的出土文物，可以为天文、地理、制盐、冶金、农业、医学、纺织等各个科学领域的专门研究提供丰富而重要的资料，如三峡制盐、制瓷和冶锌等遗存反映了三峡独特的手工业技术水平和发展成就，白鹤梁石刻等

遗迹则反映了三峡一千多年来的水利水文科技成就等（图 2-28 ～ 30）。

三峡的非物质文化遗产是对历史上不同时期生产力发展状况、科学技术发展程度、人类创造能力和认识水平的原生态保留和反映。

图 2-28　忠县中坝遗址西汉制盐龙灶

图 2-29　丰都庙背后冶锌遗迹

图 2-30　涪陵白鹤梁石刻（淹没前）

4. 反映了近代以来中国革命历程和重要阶段，以及中国共产党领导中国人民进行革命和建设光辉历史，是赓续红色血脉、传承红色基因的宝贵财富

三峡地区拥有丰富的革命文物，夷陵、兴山、秭归、巴东、石柱、武隆、丰都、忠县等区县列入了革命文物保护利用片区名单。众多的革命先辈故旧居、重要历史事件和重要机构旧址、烈士墓和纪念设施等革命史迹（图 2-31、32），较为完整地反映了近代以来中国革命历程和重要阶段，以及中国共产党领导中国人民进行革命和建设的光辉历史，形成了以红岩精神为代表的红色文化，是阐释爱国主义教育的重要资源，是赓续红色血脉、传承红色基因的宝贵财富。

5. 是构建当代三峡文化格局、增进地域文化认同的重要载体，也是促进经济社会可持续发展的重要力量

三峡历史文化遗产资源是三峡人民共同创造的，也是各民族智慧的结晶，是连接民族感情的纽带。由于大规模的移民搬迁和建设工作

图 2-31　八路军重庆办事处旧址

图 2-32　重庆中美合作所集中营旧址

对社会结构和文化格局带来了一定的冲击，当前，三峡不仅面临人与自然关系的重构、新的文化发展平台的构建和文化竞争力的提升等问题，另外，由于三峡作为限制开发区和重点生态保护区，也面临产业结构调整问题。通过对历史文化遗产资源的保护利用，一方面发挥历史文化遗产资源的历史价值、文化价值、教育价值和社会价值，可以增强族群认同，从而促进民族团结、社会和谐，另一方面，利用历史文化遗产资源的科技价值和经济价值，为文化产业、旅游产业开发提供优质的硬件物质基础，提供非物质文化保护、传承的平台和空间，增加相关的就业岗位，提高居民的生活水平、生活质量和文明水平，实现社会经济的可持续发展。

# 第三章　三峡历史文化遗产资源保护利用状况

## 第一节　文物保护工作开展情况

### 一　三峡工程建设前的文物保护工作

　　三峡的文物保护工作最早可以追溯到 19 世纪下半叶，一些外国传教士、探险家，如布朗（J.C.Brown）、贝伯（E.C.Baber）等在重庆地区发现了一些石器。1925～1928 年，美国学者纳尔逊（N.C.Nelson）在三峡地区进行了调查，发现石器地点 37 处，其中在 12 处地点采集到了陶片。1930 年，美国传教士埃德加（J.H.Edgar）也在三峡地区采集到了一定数量的石器。抗日战争期间，中国学者对三峡地区的文物做过一些调查、勘测、发掘、搜集等工作。

　　中华人民共和国成立之后，为配合三峡工程的前期论证，从 20 世纪 50 年代起，中国科学院考古研究所、湖北、四川两省的文物考古机构和长江流域规划办公室考古队对三峡进行了多次调查和发掘，为三峡文物保护工作的深入开展奠定了基础，如 1954 年四川省博物馆在巴县冬笋坝发掘了二十余座战国时期的船棺墓（图 3-1），初步发现了巴文化遗存；1957 年 3 月，四川省博物馆派出川东调查小组，对长寿县下游的八个县市的文物进行了调查；1958 年 10 月，由四川省博物馆、重庆市博物馆与四川大学历史系合作，组成四川省长江三峡水库文物调查队，对数百处古文化遗址和墓群进行了调查（图 3-2）；1959 年四川省长江流域文物保护委员会文物考古队两次发掘大溪遗址，1975

图 3-1　1954 年巴县冬笋坝墓地发掘现场

图 3-2　1958 年"四川省长江三峡水库文物调查队全体合影"

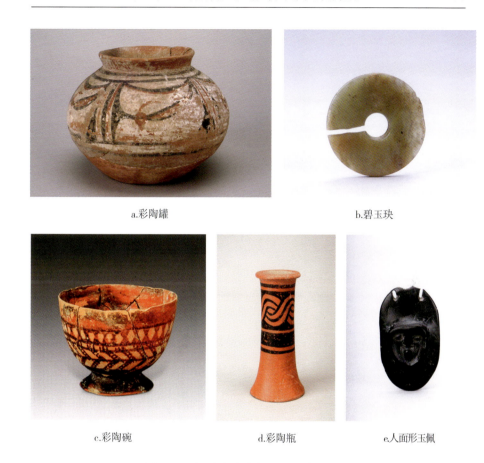

a.彩陶罐　　　　　　　　　　　　　　　　　b.碧玉玦

c.彩陶碗　　　　　　　　d.彩陶瓶　　　　　　　e.人面形玉佩

图 3-3　大溪遗址发掘出土的部分器物

年又对该遗址进行了第三次发掘（图 3-3）；70 年代初，为配合葛洲坝工程，中国科学院考古研究所、湖北省博物馆、四川省博物馆、重庆市博物馆等单位组成"水文考古队"，对沿江的洪水、枯水题记进行了调查，湖北省文物部门对可能受工程影响的区域进行了考古调查和发掘工作；1972 年四川省博物馆、重庆市博物馆和涪陵县文化馆联合发掘涪陵小田溪战国墓地（图 3-4），而后又分别于 1980、1983 和 1993 年进行了三次发掘等。

为配合三峡大坝的前期工作，1984 至 1986 年，湖北、四川两省对三峡 150 米水位线以下范围的区域进行了考古调查，国家文物局组织中国历史博物馆、吉林大学、南京大学等 6 家单位对坝区范围的中堡岛（图 3-5）、朝天嘴、杨家湾、柳林溪等遗址进行了重点发掘。1987

图 3-4　1972 年涪陵小田溪墓群发掘　　　　　图 3-5　三峡坝址——中堡岛

年，中国社会科学院考古研究所四川队对川东地区新石器和商周时代的遗址进行了重点调查。1988 年，长江流域规划办公室对 175 米水位线以下地区的文物进行了调查，共调查文物 44 处，包括地面文物 29 处，地下文物 15 处，其中全国重点文物保护单位 1 处（涪陵白鹤梁题刻），省级文物保护单位 5 处（忠县石宝寨、丁房阙、无铭阙、云阳张桓侯庙、秭归屈原祠），市县文物保护单位 10 余处，其余为一般文物。

## 二　三峡文物保护工程开展情况

1992 年 4 月 3 日，第七届全国人大五次会议通过了兴建三峡水利枢纽工程的决议。为有效抢救保护三峡文物，开展了迄今我国规模最大的文物保护工程，主要包括以下四个阶段的工作。

### 1. 三峡文物的全面调查

1992 年 8 月国家文物局成立了"三峡工程文物保护领导小组"，要求湖北、四川两省对坝区进行文物考古调查，并于 1993 年 9 月至年末在中堡岛举办考古领队培训班，对中堡岛遗址再次进行了大规模抢救性发掘（图 3-6）。

图 3-6　1993 年中堡岛遗址考古发掘现场

　　1993 年 11 月和 12 月，国家文物局分别在北京和成都主持召开三峡文物保护规划动员和组织工作会议。随后，24 家文物保护研究机构和大专院校进驻三峡，开始了浩大的文物调查（图 3-7、8）。1994 年 3 月，"长江三峡工程文物保护规划组"成立后，又相继组织了 6 家单位参加，使得参加文物调查的单位达到了 30 家，专业人员达到 300 余名，这是中华人民共和国成立以来为配合基本建设工程进行的最大规模的文物调查。此次文物调查以海拔 177 米以下高程的地下文物和地面文物为主要调查对象，并对民族民俗文物和博物馆建设进行系统调研。1995 年三峡文物调查工作基本结束，共调查出 1282 处地下和地面文物，其中，地下文物 829 处，地面文物 453 处。

图 3-7　1993 年 12 月奉节鱼腹浦遗址调查

图 3-8　四川大学考古学专业 1992 级学生在三峡调查墓葬

2.《长江三峡工程淹没及迁建区文物古迹保护规划报告》的编制

在三峡文物调查工作开展的同时，"长江三峡工程文物保护规划组"开始同步编制三峡工程淹没区文物抢救规划，根据调查资料和调研成果（图 3-9），于 1996 年 3 月编制完成了《长江三峡工程淹没及迁建区文物古迹保护规划报告》（以下简称《三峡文物保护规划》）（图

图 3-9　1994 年三峡文物保护规划组专家在奉节考察

图 3-10　专家审议规划

3-10）。《三峡文物保护规划》由总报告、分省报告和分县报告三部
分组成（图 3-11）。其中总报告 6 册，即《长江三峡工程淹没及迁建
区文物古迹保护规划报告》、附录 1《四川省涪陵市白鹤梁题刻保护规
划报告》、附录 2《四川省云阳县张桓侯庙保护规划报告》、附录 3《四

图 3-11　长江三峡工程淹没及迁建区文物古迹保护规划报告

川省忠县石宝寨保护规划报告》、附录4《民族民俗文物保护规划报告》、附录5《博物馆建设规划报告》；分省报告 2 册，即《湖北省文物古迹保护规划报告》和《四川省文物古迹保护规划报告》；分县（区、市）报告 22 册，每县 1 册。同时，编制了《三峡工程地面文物保护规划经费概算细则》《三峡工程文物保护规划基础资料》（每县 1 册，共 22 册）。之后又根据专家论证会意见编制完成了《〈长江三峡工程淹没及迁建区文物古迹保护规划〉有关内容的修订与补充》。

列入《三峡文物保护规划》的文物共有 1087 处，其中，地下文物 723 处，地面文物 364 处。根据各文物点的价值、保护单位级别、社会影响和保存状况等，依据地下、地面文物的特点，制定了不同等级的保护方式和保护措施。地下文物的保护分为考古发掘、考古勘探、登记建档三类保护措施，考古发掘又按照地下文物的价值和发掘工作量等因素分为 A、B、C、D 四个等级（A 级为价值最高、保存状况最好、保护力度最强、发掘面积最多的级别，以此类推）；地面文物则根据文物价值、类别、质地、形式、位置和保存状况等，以原地保护、搬迁保护和留取资料的不同保护方式，对每一处文物制定保护规划。同时，制订了与工程进度相符的文物保护进度指标，以及文物保护经费概算和分期投资计划。

3.《三峡文物保护规划》的实施

1998 年 8 月，《三峡文物保护规划》获国务院三峡建设委员会（以下简称国务院三建委）组织的专家论证会通过；2000 年，获国务院三峡建设委员会办公室（以下简称国务院三峡办）批准并在三峡实施。在《三峡文物保护规划》批准实施之前，由于文物保护工作量的巨大和保护形势的紧迫，为争取更多的时间和力量开展文物保护工作，从 1997 年起，在国务院三峡办和国家文物局协调部署下，全国数十家考古科研机构进驻开展地下文物的勘探、发掘等工作（图 3-12 ～ 26），标志着三峡大规模文物保护项目的启动。在 2000 年规划获得批复之后，文物保护工作规模迅速扩大，截至 2009 年文物保护项目工作基本结束。

通过十余年的大规模抢救保护工作，实际完成文物保护项目 1128 项（较规划增加 41 项，湖北新增 6 项，重庆新增 35 项）（图 3-13 ～ 26）。其中，地下文物保护项目 764 项，完成勘探面积 1282.54 万平方米，发掘面积 178.85 万平方米，出土文物 17.2 万余件 / 套；实施地面文物保护项目 364 项，其中原地保护 62 项，搬迁保护 132 项，留取资料 169 项，仿古新建 1 项。期间，建成重庆中国三峡博物馆、重庆三峡移民纪念馆（万

图 3-12　1996 年 6 月 19 日全国对口支援重庆库区文物保护工作会

1.2000年丰都冉家路口遗址发掘场景

2.2002年丰都县玉溪坪遗址发掘场景

3.楠木园遗址的发掘

4.秭归官庄坪遗址考古发掘现场

5.巫山双堰塘遗址西区发掘场景

6.2000年云阳李家坝遗址战国墓地

7.2000年云阳旧县坪遗址发掘区全景

8.奉节白帝城遗址南宋城墙与宋、明建筑群

图 3-13　三峡部分考古发掘项目

图 3-14 重庆三峡地区出土的部分器物

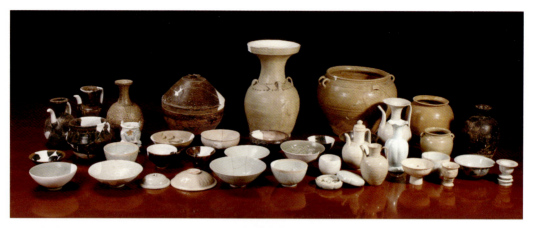

图 3-15　湖北三峡地区出土的部分器物

图 3-16 古建筑编号搬迁

图 3-17 奉节瞿塘
峡石刻切割施工

图 3-18 云阳张
桓侯庙搬迁保护

图 3-19　石宝寨原址保护

图 3-20　屈原祠仿古复建

图 3-21　白鹤梁水下博物馆

图 3-22　重庆中国三峡博物馆

图 3-23　湖北宜昌博物馆

图 3-24　忠州博物馆

图 3-25　秭归博物馆

图 3-26　巴东博物馆

州区博物馆)、白鹤梁水下博物馆、云阳县博物馆、忠州博物馆、巫山县博物馆、奉节白帝城博物馆、开州博物馆、石柱县博物馆、涪陵博物馆、宜昌博物馆、巴东县博物馆等文博场馆,这些场馆不仅成为当地新的城市地标,也为后续三峡出土文物展示利用提供了良好条件。

　　三峡文物保护工程是中华人民共和国成立以来文物保护力量投入最大的文物保护工程。在国家文物局组织和协调下,调集了全国 20 多个省市的 226 所文物保护研究机构和大专院校,包括中国社会科学院、中国科学院等 10 余家国家级研究机构，北京大学、清华大学等 20 余家高等院校，以及 170 余家省、市级文物保护机构和博物馆、社会文物保护单位，汇集了国内文物保护行业领域的 50 余位知名专家，包括专业技术人员和在校学生在内的 13000 余名文物工作者参与其中，投入文物保护项目经费巨大。

4. 三峡文物保护工程验收

三峡工程建设过程中，按照三峡工程分期蓄水的阶段性任务要求，国家文物局和国务院三峡办分别于 2003 年、2006 年和 2008 年组织对二、三、四期移民工程涉及的文物保护项目进行了阶段性验收（图 3-27 ～ 30）。

2015 年 3 月，国家文物局组织成立三峡工程文物保护专项终验领导小组和验收专家组，于 3 月 11 日至 17 日赴重庆和湖北对 1128 处文物保护项目进行了全面验收，对终验抽取的 102 个文物保护项目进行了评分。4 月 14 日至 16 日，国家文物局在重庆市和湖北省宜昌市分别

图 3-27　重庆库区文物保护专项验收市级初验会

图 3-28　湖北库区文物保护项目结项工作会议

图 3-29　国家文物局终验专家组查阅三峡考古资料

图 3-30　三峡考古资料库房（重庆中国三峡博物馆）

召开长江三峡工程文物保护终验总结会，在技术性验收工作的基础上，对三峡工程文物保护工作进行总体评价并形成终验结论。终验工作的完成是三峡工程文物保护工作重要的里程碑，也是三峡文物保护工作新的起点。

## 三　三峡后续文物保护工作开展情况

为加速发展三峡经济，维护社会稳定，改善移民生活，促进经济、文化的全面发展与和谐社会的构建，国家决定在三峡工程建设全面完成之后，加大投入力度，落实一系列维稳、促发展的建设项目，以解决建设的历史陈账和为今后的全面和谐发展奠定基础。为此，2009 年国务院三建委部署了后续发展规划的编制工作，并在总体规划之下，专门设置了进一步开展文化遗产保护和发展文化产业的专题规划（图3-31）。

2009 年 5 月，三峡工程后续工作规划编制领导小组办公室委托南京大学承担三峡地域文化遗产保护规划研究。2009 年 10 月，南京大学完成了《三峡库区自然与历史文化遗产保护和完善专题规划》（以下

图 3-31　湖北库区后续文化、文物发展工作座谈会

简称《专题规划》）及《三峡库区后续工作规划——地域文化遗产保护规划研究课题报告》。《专题规划》对自然遗产、消落区地下文物保护、屏障区地面文物保护、留取资料拟复建地面文物、消落区原地保护文物、已搬迁复建文物的配套设施、历史文化名镇保护、大型遗址保护、非物质文化遗产保护（非遗中心）、文化生态保护区、文物征集及库房建设以及其他等共 12 个方面提出了项目优化建议。2011 年 5 月，包括《专题规划》在内的《三峡库区后续工作规划》经国务院常务会议审议批准。

　　三峡后续文物保护工作启动以来，已完成各类文物保护项目 207 项，其中消落区考古发掘项目 78 项，发掘面积超过 11.74 万平方米，出土文物 3.4 万余件 / 套；实施古镇保护建设项目 26 个、古村落保护建设项目 7 个；建成三峡文物科技保护基地（图 3-32）、三峡数字博物馆、三峡文物修复中心（图 3-33）和三峡非遗传承交流展示基地（图 3-34、35）；完成夷陵区、秭归县、兴山县、巴东县、云阳县、万州区、武隆县、开县、巫溪县、丰都县、涪陵区、石柱县等 12 个区县的文物库房建设。

　　目前，三峡已累计整理登录可移动文物 544799 件 / 套（含三峡出

图 3-32　三峡文物科技保护基地

图 3-33　三峡文物修复中心

图 3-34　重庆市文物考古研究院虚拟展馆

图 3-35　湖北三峡文物保护中心效果图

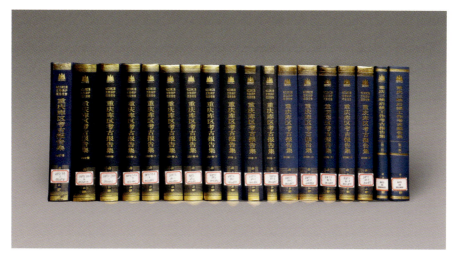

图 3-36　重庆三峡考古报告集（1997～2003 年）

图 3-37　重庆三峡考古专题报告及报告集（2014 年 12 月以后）

图 3-38　湖北三峡文物保护部分研究成果

土文物 207187 件 / 套），数字化文物数量 149796 件 / 套，抢救修复文物 27545 件（含三峡出土文物 19156 件 / 套）；对可移动文物开展鉴定 101 次，完成鉴定定级 144879 件 / 套（含三峡出土文物 8129 件 / 套）（附表 18）；已出版考古发掘报告和研究专著等成果 91 部（图 3–36 ～ 38）。

# 第二节　文物活化利用情况

## 一　不可移动文物的活化利用

### 1. 开放参观

三峡先后实施保护展示利用项目 399 项，一大批不可移动文物在开展以保护展示为目的的文物修缮、环境整治和配套设施建设工作后建成遗址公园、博物馆、纪念馆等实行对外开放，累计开放不可移动文物 524 处。如重庆市重点加强近现代重要史迹和代表性建筑的活化利用工作，实现了南岸区黄山抗战遗址群、渝中区宋庆龄旧居、沙坪坝区冯玉祥旧居、郭沫若旧居、张治中旧居等开放利用，建成红岩革命历史博物馆、中国民主党派历史陈列馆、重庆抗战遗址博物馆等，成为当地重要的爱国主义教育基地（图 3–39、40）。湖北省宜昌市夷陵区杨家湾老屋、南边民居、聂家河古兵寨、圆通寺、五龙堡、南岔湾传统民居群等各级文物保护单位处于自然开放状态，吸引了大量

图 3-39　重庆黄山抗战旧址群

图 3-40 重庆红岩
革命历史博物馆

图 3-41 夷陵杨
家湾老屋

图 3-42 夷陵
南边民居

图 3-43　兴山昭君村及昭君像

民众前来参观游览；兴山县文物部门在"美丽乡村"建设工作中配合昭君镇打造昭君别院，重点维修改造昭君台、妃台乡公所旧址、陈明清老屋，将其建设成为兴山民俗博物馆昭君分馆对外免费开放等（图3-41～43）。

## 2. 旅游开发

部分不可移动文物在实现对外开放的同时，也作为三峡重要旅游景区的核心组成和实物载体，为文旅融合发展提供重要支撑。三峡文物保护工程通过地面文物的集中搬迁保护，形成了巫山大昌镇和神女庙、奉节宝塔坪、云阳三峡文物园、丰都小官山、忠县白公祠、长寿王爷庙、巴东狮子包、秭归凤凰山等一批文物景区，并且已有65处不可移动文物所在地被纳入3A级以上旅游景区范围，其中包括重庆奉节白帝城—瞿塘峡景区、三峡大坝—屈原故里旅游区（含凤凰山古建筑群、屈原祠）5A级旅游景区2个（图3-44～46），重庆中国三峡博物馆、重庆三峡移民纪念馆、新坪悬棺墓群、忠县石宝寨、云阳张桓侯庙、白鹤梁水下博物馆、夔州博物馆、巫山博物馆、兴山昭君村、

图 3-44　三峡大坝—
屈原故里旅游区

图 3-45　奉节白帝城

图 3-46　屈原祠研学行

石牌要塞旅游区等 4A 级旅游景区 10 个，成为三峡旅游的重要景点，年均接待游客超 590 万人次。同时，通过推出古镇文化旅游，策划三峡人文历史体验游、研学游等系列旅游产品，有力助推地方文化旅游经济发展。

3. 对文物建筑进行适应性改造和再利用，保留、延续原有功能或用作办公场所、文化场所等其他用途

如全国重点文物保护单位"重庆抗战金融机构旧址群"之一的交通银行旧址由中国建设银行渝中区分行使用，保留了原有用途；中共重庆市委会办公大楼旧址通过结构加强、功能置换、空间重新规划利用等（图 3–47、48），成为重庆市文化遗产研究院周转库房和办公场所；湖北省宜昌市夷陵区望家祠堂是三峡地区规模最大、等级较高的氏族宗祠，现已成为重要的"家风传承基地"等。

图 3-47　重庆市文化遗产研究院内的中共重庆市委会办公大楼旧址

图 3-48　由中共重庆市委会枇杷山办公大楼改建而成的枇杷山书院

# 二　可移动文物的活化利用

## 1. 博物馆展陈利用

三峡文物系统现有国有博物馆 34 家（附表 16），初步形成了跨区协作、各具特色、收藏类型丰富、优势互补的三峡博物馆体系，其中一级博物馆 3 家，二级和三级博物馆 8 家，国有博物馆免费开放率达到 100%。三峡国有文物收藏单位现有场馆面积 391270 平方米，展厅面积 158455 平方米，2018 ～ 2020 年共举办基本陈列 123 个、临时展览 276 个，展品 43081 件 / 套，其中 97 个与三峡文化主题相关，展出三峡出土文物 10291 件，接待参观人数 5884.62 万人 / 次（图 3-49 ～ 56；附表 19）。同时，利用可移动文物数字化成果，通过举办网上展览、创办微信公众号和小程序、成立"流动博物馆联盟"、开展互动体验活动和研学课程等方式，扩大馆藏文物资源的共建共享。

## 2. 文创产品开发

三峡目前有 18 家单位采用自主开发、IP 授权开发、委托设计的模

图 3-49　湖北省博物馆"永远的三峡——三峡文物保护利用数字展"

图 3-50　三峡文物科技保护基地"三峡文物保护成果展"

图 3-51 公众在三峡文物科技保护基地通过玻璃窗观察文物保护修复工作

图 3-52 万州博物馆"伟大壮举 辉煌历程"三峡移民厅

图 3-53　忠县博物馆"六朝风韵"展厅

图 3-54　云阳博物馆"展览遍渝州、文化进万家"巡展

图 3-55　夷陵黄陵庙常设"三峡坝区夷陵出土文物展"

图 3-56　宜昌博物馆基本陈列之风情三峡序厅

图 3-57　三峡博物馆文创产品

图 3-58　云阳博物馆
三峡系列文创

图 3-59　秭归县文物保护
中心开发屈原 IP 文创产
品、文物文创产品

图 3-60 重庆市文化遗产研究院部分文创产品

式开发文创产品（图 3-57 ~ 60），其中重庆中国三峡博物馆、北碚区博物馆、奉节县文物保护管理中心等 6 家单位设立了文创专属部门；重庆中国三峡博物馆、北碚区博物馆、开州区博物馆、云阳博物馆 4 家单位开发应用数字化文创产品管理系统；重庆中国三峡博物馆、重庆市文化遗产研究院、重庆抗战遗址博物馆、重庆三峡移民纪念馆、宜昌博物馆等 13 家单位设立文创商店，文创商店总面积 1630 平方米；2018 ~ 2020 年，共开发文创产品 183 类 2228 种（附表 20）；重庆中国三峡博物馆、巫山博物馆、云阳博物馆等 3 家单位文创产品营业额颇丰。

# 三　文物价值阐释研究和传播

依托三峡工程文物保护和三峡后续文物保护项目，出版三峡工程文物保护项目系列报告；重庆市成立了三峡文化保护与弘扬协同创新研究中心，湖北省成立长江文明考古研究院，利用三峡考古成果，发掘馆藏文物的文化元素和文化形象，弘扬优秀历史文化；围绕三峡考古学文化、古代丧葬制度、古代城址与集镇、古代经济生活与产业、古环境与古水文、田野考古发掘、文物保护修复以及科技考古应用等多个方面开展各类研究课题项目，深入阐释三峡文物价值、研究三峡地区历史文化发展进程等；举办各类学术交流和文化活动，最大程度普及和利用文物保护成果。仅 2018 ～ 2020 年，开展各类研究课题项目 102 个（其中省部级以上 54 个），出版各类图书 184 部、音像制品 49 种，举办学术活动 281 次，各类文化活动 39912 次（图 3-61；附表 20）。

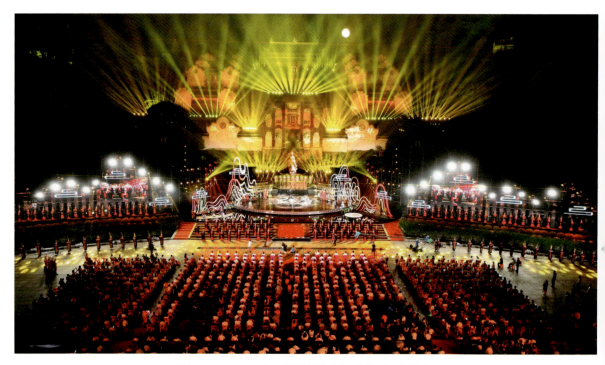

图 3-61　2022 年屈原故里端午文化节开幕式

# 第三节　文物保护利用的主要成效

三峡文物保护工作的开展，不仅有效抢救保护了一大批重要文物，延续了文脉，也是三峡工程顺利竣工和稳定运行的重要保障。在抢救保护文物的同时，也注重了文物的合理利用，充分发挥文物资源的社会效益。其保护利用成效主要表现在以下几个方面。

**1. 保障了三峡水利工程如期蓄水和三峡水库稳定运行，确保了三峡工程综合效益的发挥**

三峡文物保护工作时间紧、任务重，调集了全国几乎所有的文物保护力量，万余名文物工作者和相关人员攻坚克难，历经 20 余年，超额完成三峡文物保护规划任务，顺利开展后续工作规划和实施工作，确保了三峡工程按时蓄水和三峡水库稳定运行（图 3-62），保障了国家重大战略的顺利实施，确保三峡工程防洪、发电、航运等经济效益和社会效益的发挥。

**2. 廓清了三峡地区考古学文化的基本面貌，完善了三峡历史文化发展序列**

通过文物考古工作，构建起三峡地区旧石器时代、新石器时代等文化序列，完善了三峡历史文化发展序列，建立了三峡人文历史新坐标。如大量旧石器时代中晚期遗存的发现，填补了三峡地区缺少旧石器遗存的空白（图 3-63）；大量新石器时代遗存的发现，为研究三峡地区新石器时代文化谱系、长江中上游之间的文化关联以及巴文化的起源，提供了不可多得的实物资料；大量夏商周遗址的发现，建立了夏商周考古学文化的发展序列，填补了这一时期考古学文化认识上的空白，提高了对巴文化的认识；忠县中坝遗址和云阳云安遗址等与盐业考古相关遗存的发现和发掘，丰富了这一地区盐业考古的实物资料；巴东旧县坪遗址的发掘（图 3-64），第一次全面揭示了宋代县城面貌；秭归东门头发现的元代县城城墙和元代卵石摆塑龙文物（图 3-65），填补了三峡地区元代考古的空白等。

图 3-62    三峡工程航拍

3. 探索了文物工作新体制新机制，提升了文物保护理念和工作水平

三峡文物保护工程建立了一个高效有力的工作领导机制，三峡工程文物保护工作直接由国务院三建委统一领导，国家文物局为成员单位，指导湖北、重庆两省市文物部门开展工作，并在全国范围内调集专业力量进行支援；创立了一套重大文物工程管理模式，规划先行、分步实施、分省负责、分级管理、强化监管等基本理念和工作模式已成为开展跨区域文物保护工作的成功经验；创新和建立了科学有序的工作机制，如项目法人制、项目合同制、工程招投标制、工程监理制和质量终身责任制以及竣工验收、财务审计等制度的建立，使我国文物保护工程步入了规范化、制度化的管理轨道；以博物馆"总分馆制"为抓手，构建文物资源共建共享机制。考古学、建筑学、民族学以及地质勘探、地理测绘、生命科学、现代医学等多学科的共同参与和协作，物理勘探、电子测绘、质子激发 X 光技术、DNA 技术、地层提取技术、环境测绘、地形地貌测探、碳–14 测年法、原子吸收光谱、原子发射光谱、X 射线荧光光谱、红外照相技术、孢粉分析法等现代科学技术和方法应用，使三峡文物保护达到了较高水平，取得了具有深远国际国内影响的保护成果，如白鹤梁在原址上建成世界上第一座水下博物馆，忠县石宝寨保护工程是我国具有代表性的文物保护构筑物工程，云阳张桓

图 3-63　丰都高家镇旧石器时代遗址发掘现场

图 3-64　巴东旧县坪遗址发掘现场

图 3-65    秭归东门头遗址

侯庙搬迁保护是继永乐宫搬迁保护工程之后我国规模最大的地面文物搬迁保护工程、大昌古镇的整体搬迁是我国规模最大的古镇搬迁等（图3-66、67）。

#### 4. 夯实了三峡文物工作基础，壮大了文博机构和人员队伍

通过三峡文物保护，摸清了文物资源的基本情况，为第三次全国文物普查和后续文物保护工作提供了翔实资料，一大批文物保护单位保护级别已上升为全国重点文物保护单位和省级文物保护单位，编制（修编）三峡各类不可移动文物保护规划63部。三峡革命文物家底基本摸清，夷陵、兴山、秭归、巴东、石柱、武隆、丰都、忠县等区县列入了革命文物保护利用片区名单。基本建成三峡博物馆群，博物馆建设水平在全国居于前列，建成三峡文物科技保护基地、三峡数字博物馆、三峡文物标本库房和三峡文物修复中心，重庆三峡博物馆入选国家文化和科技融合示范基地和"馆藏文物有害生物控制研究"国家

图 3-66　整体搬迁前的大昌古镇

图 3-67　整体搬迁后的大昌古镇

文物局重点科研基地（图 3-68 ～ 71）；文物保护管理机构已有文物库房 126 个（图 3-72 ～ 75），总面积 41382.5 平方米，其中隶属于文物系统的 31 家单位共有文物库房 90 个，面积共计 32272.04 平方米（见附表 18），为三峡出土文物的修复保护与展示利用提供了重要支撑；文博机构数量快速增长，国务院批准设立重庆中国三峡博物馆，重庆市专门设立了重庆市文化遗产研究院（图 3-76），相关市县陆续成立文物局、文物管理所，县级文物管理机构的覆盖率已达 100%，目前，三峡现有各级各类文物保护管理机构和国有文物收藏单位已达 128 家（含宜昌博物馆、湖北省博物馆和湖北省文物考古研究所等 3 家与三峡文物保护利用关系密切的三峡地区外单位），其中文物系统单位 34 家（合署办公按 1 家统计），含省级机构 6 家、市级机构 1 家、县（区）级机构 27 家（附表 16）；基层文物工作力量得到大幅加强，三峡文物保护工程实施之前整个专业人员不足 100 名，而目前，三峡文物系统单位人员编制总数已达 1261 名，实有 1112 人（附表 17）。

图 3-68　三峡田野考古培训班

图 3-69 三峡文物修复与保管培训班

图 3-70 三峡文物档案管理人员培训班

图 3-71　三峡计算机考古软件培训班

图 3-72　忠县一号库房文物柜架

图 3-73　云阳博物馆库房珍贵文物存放架

图 3-74　兴山文物库房

图 3-75　夷陵文物库房

图 3-76　重庆市文化遗产研究院（现为重庆市文物考古研究院）

### 5.发挥了三峡文物资源的社会效益，促进了经济社会和谐发展

在抢救保护好文物的前提下，注重三峡文物的合理利用，将文物保护成果利用与当地社会经济发展相结合，形成了白鹤梁题刻、张桓侯庙、石宝寨、大昌古镇、丰都小官山、云阳三峡文物园、忠县白公祠、巫山神女庙、巴东狮子包、秭归凤凰山等十余处文物景区（图3-77～79）；新建的博物馆成为新城的新地标，如重庆中国三峡博物馆、巫山博物馆、重庆三峡移民纪念馆（万州区博物馆）、宜昌博物馆等，提升了所在区域的文化品位；利用三峡博物馆群、纪念馆等文博场馆，展示宣传三峡文物保护成果，增强深厚的历史底蕴和良好的人文环境；深入挖掘三峡文物价值，开展三峡历史文化课题研究，出版反映三峡文物保护成果的各类图书，系统阐释三峡地区古代文化发展的历史进程，为三峡历史文化和长江文明研究提供重要支撑。文物保护利用已成为拉动经济社会发展新的增长点，有力保障和推动经济社会的全面发展。

图 3-77　丰都小官山文物复建区

图 3-78　云阳三峡文物园

图 3-79　巴东狮子包古建筑群

# 第四节　非物质文化遗产保护利用情况

早在三峡工程文物调查阶段，就将民族民俗文物即各民族的民间习俗、传统工艺、传统戏剧、民歌等非物质文化遗产内容纳入调查范围，《三峡文物保护规划》中专门设置了附录4《民族民俗文物保护规划报告》，这是我国首次针对非物质文化遗产制定保护规划。虽然因当时认知水平的局限以及受文物保护工作任务的重重压力下没有实施，但对于民族民俗文物的保护意向，促进了社会对非物质文化遗产保护的重视，有一些民间组织和相关机构开展了部分保护工作，产生了积极深远的影响。在三峡后续工作《专题规划》里也专门设置了非物质文化遗产保护规划的内容，从建立完整的非物质文化遗产档案、支持建立非物质文化遗产展示研究中心、举办有地域特点的节庆活动、加强对非物质文化遗产的理论研究及人才培养、促进非物质文化遗产与产业相结合等方面提出了措施建议，并做了保护经费概算（图3-80）。在规划支持下，近年来，重庆、湖北两省市围绕非物质文化遗产保护利用主要做了以下工作。

## 1.出台非物质文化遗产保护相关法律法规

2012年，重庆市和湖北省分别颁布了《重庆市非物质文化遗产条例》《湖北省非物质文化遗产条例》《宜昌市非物质文化遗产保护条例》《恩施土家族苗族自治州民族文化遗产保护条例》《石柱县非物质文化遗产管理办法》《巴东县重要非物质文化遗产传承活动管理办法》等市（州）、县级法规也陆续公布。通过立法工作，为非物质文化遗产保护提供法律保障，同时也积极开展了普法宣传和非遗保护培训工作。

## 2.开展非物质文化遗产普查工作

2008～2009年，重庆市对全市非物质文化遗产开展普查工作，摸清了非物质文化遗产家底，建立起国家、市、县3级名录体系；湖北省宜昌市和恩施州也于2009年开展非物质文化遗产普查工作，建立了国家、省、市（州）、县4级名录体系（图3-81）。在开展普查的同时，

1.土家族撒叶儿嗬

2.土家族吊脚楼营造技艺

3.木洞山歌

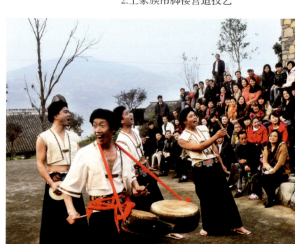

4.薅草锣鼓

图 3-80　三峡部分国家级非物质文化遗产

确定了各项非物质文化遗产代表性传承人。

### 3. 完善非物质文化遗产保护体系

　　重庆市设立非物质文化遗产保护中心，编制 15 人，14 个区县成立非遗保护工作机构，专兼职人员 114 人，并在重庆文理学院建立非遗研究基地，依托重庆文化艺术职业学院成立重庆市三峡非物质文化遗产传承交流展示基地（图 3-82），设立国家级文化生态保护实验区、

图 3-81 夷陵三斗坪镇新生村非遗田野调查

图 3-82 三峡非遗传承交流展示基地

图 3-83　2019 年巴东县非物质文化遗产保护与传承培训班开班仪式

国家级非遗生产保护示范基地、国家级传统工艺工作坊各 1 个，市级非遗生产性保护示范基地 87 个，市级非遗传承教育基地 109 个；湖北夷陵区、秭归县、兴山县和巴东县也均成立了非物质文化遗产保护中心（图 3-83），秭归县凤凰山屈原故里非物质文化遗产传承保护基地入选湖北省级非物质文化遗产传承示范基地。另外，三峡的武隆区、石柱县和巴东县入选国家级文化生态保护区——武陵山区（渝东南）土家族苗族文化生态保护实验区和（鄂西南）土家族苗族文化生态保护实验区。

### 4. 加大非物质文化遗产传承利用力度

实施各类非遗保护项目，开展传承人群研修研习培训等，对代表性传承人传习活动给予补助，据不完全统计，目前三峡已完成 1128 项建档非物质文化遗产名录保护项目；推动非遗"六进"（进校园、进机关、进企业、进景区、进社区、进农村），使非遗文化走进千家万户，如

  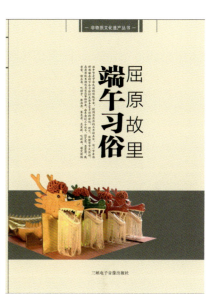

1.宜昌博物馆围绕端午习俗开发社教绘本　　　　2.丰都非遗简明读本　　　　3.端午习俗（研究成果）

图 3-84　部分非物质文化遗产普及读物

兴山县近年来就举办非遗知识培训 50 多场、非遗表演 12 场次、非遗进校园 20 多次；出版非遗整理研究成果，仅重庆市在"十三五"期间就出版《重庆非物质文化遗产丛书》等相关非遗学术专著、普及读物 230 余种，刊发非遗学术论文 150 余篇，夷陵区出版下堡坪民间故事国家级代表性传承人刘德方传承的非遗"六书三碟一画册"，秭归县整理编辑出版《屈原传说》《中国端午习俗》《骚坛》等系列非遗出版物，巴东县编辑出版《巴东堂戏》《中国三峡风物传说》等巴东民族民间文化系列丛书两套共 17 本，兴山县也出版了《王昭君的传说》《兴山民歌集》《兴山民谚集》《兴山民间故事集》《李来亨传说故事》等（图 3-84）；利用国内"文化和自然遗产日"、非遗博览会等节会宣传展示非遗项目，重庆电视台还在科教频道《重庆记忆》栏目开设非物质文化遗产展播季，播放代表性非遗项目；打造非遗文化品牌，让非遗文化融入旅游业，采取旅游 + 非遗、节庆 + 非遗形式，实现文旅深度融合，如秭归县打造了"屈原昭君故里"非遗之旅和屈原故里端午文化节（图 3-85），兴山县打造昭君文化旅游节等；推进传统工艺振兴，依托传统工艺带动劳动力就近就业和稳定增收，如石柱夏布、涪陵菜

图 3-85　2021 年 6 月"王昭君传说"讲故事比赛

乡结绳、秭归山均艾草、三闾刺绣等传统工艺作坊在推进乡村振兴、精准扶贫工作中发挥了重要作用。

## 第五节　存在的主要问题及其原因

三峡文物抢救保护工作作为我国乃至世界范围内有史以来规模最大的文物保护工程，在短时间内，调动了国内几乎所有的专业力量参与三峡文物保护大会战，获得了大批保护成果，尤其是出土了 20.7 万余件 / 套可移动文物、搬迁保护了一大批地面文物。但由于三峡工程文物保护工作涉及面广、项目繁多、所需技术复杂，不可避免出现了一些问题，如有一些文物点未能列入保护规划，非物质文化遗产保护规划未能实施，考古资料整理研究和文物建档管理滞后，大量出土文物缺少完善的保管、修复、展示条件，搬迁文物未能合理有效利用、环境亟待改善、缺少配套设施等，虽然在三峡后续工作规划中，部分问题得到重视并采取措施加以解决，如对消落区地下文物进行抢救保护，加强大型遗址的保护，支持非物质文化遗产的保护，扶持修建博物馆、移民纪念馆，对原留取资料的地面文物进行复建、对已复建的地面文物进行环境整治等，但仍然遗留了一些问题。

## 1. 考古资料整理工作滞后

如重庆三峡文物保护工程阶段还有 44 个地下文物保护项目的考古报告仍未整理出版，主要涉及中国社会科学院考古研究所、四川大学、山东大学、西北大学、重庆市文化遗产研究院等 33 家单位，148 处三峡后续规划考古发掘点中，还有 30 余处发掘点未发表考古资料；湖北虽已完成三峡文物保护工程阶段的考古报告出版工作，但还有个别三峡后续考古资料未整理发表。其中的缘由，一方面是部分项目发掘面积较大使得资料整理工作需要更长的周期；另一方面是人员的变动，如原先参加发掘的部分人员退休或者离开原单位；还有一个因素是缺少经费，由于三峡文物保护经费测算时当地人工费用标准处于一个相对偏低的水平，而工作后期随着移民搬迁工作的推进实施，当地人工和生活费用都有较大幅度的增长，导致大多数项目只能够按照协议完成工作量，而没有充足的经费开展器物修复、标本检测、资料整理以及科学研究等方面的工作。

## 2. 部分保护工作还未得到有效落实

三峡不可移动文物中，保存好和较好的只占总量的 20%，保存较差和差的占总量的将近 28%（附表 5），保存不佳的可移动文物保护修复工作需要进一步落实；三峡 58 处全国重点文物保护单位中，只有 29 处编制了保护规划，市县级文物保护单位"四有"工作普遍不是很到位；消落区还有 20 余处已暴露的地下文物因缺少经费支撑而无法开展抢救发掘；三峡后续保护规划的一些项目受各种因素影响仍未实施等。

## 3. 可移动文物建档管理滞后

仍有 399841 件 / 套文物还未进行鉴定定级，占三峡可移动文物总量的 73.4%；重庆市可移动文物纸质建档率为 84.14%，数字建档率为 77.99%，其中重庆市文化遗产研究院纸质和数字建档率均只有 38%；湖北省纸质建档率为 74.33%，数字建档率为 40.65%，其中宜昌博物馆纸质和数字建档率均只有 37.27%。

### 4. 可移动文物的修复工作滞后

三峡可移动文物中，部分损腐、需要修复的比例为 26.55%；腐蚀损毁严重、急需修复的比例为 3.19%；重庆需要修复的可移动文物达148409 件 / 套，湖北需要修复 13652 件 / 套（见附表 12）。

### 5. 部分文物仍在"沉睡"中，没有得到有效展示利用

不可移动文物中，除 524 处已开放利用外，其他不可移动文物受保存状况不佳、展示利用条件不足和配套设施不完善等各种因素制约而无法实现展示利用。可移动文物的展陈率也较低，目前各博物馆展品共计 43081 件 / 套，占全部可移动文物的 7.9%，其中三峡出土文物展示利用 10291 件，占全部三峡出土文物的 5%。这一方面主要是三峡出土文物同类型、同质地的器物多，大量供研究的出土文物标本（非完整器物）不适宜展出，富于观赏性适宜博物馆展陈的精美文物数量少，另一方面是缺少展示空间和条件，特别是保存于区县级博物馆（文管所）内的出土文物，受制于有限的场馆面积，以及缺乏相应的保管、研究、展览、教育等专业人员和经费，大部分出土文物只能简单放置于文物库房内；同时其中也有收藏机构间藏品共享不够的因素影响。除此之外，展示利用手段单一，展示内容相似，都制约着文物作用的发挥，部分博物馆在智慧博物馆、数字博物馆、互联网 + 展览等建设和应用方面还处于空白，价值研究与阐释、文创产品开发及学术文化活动方面还处于起步阶段。三峡后续工作后期扶持立项的三峡重点考古遗址保护展示项目推进较慢，总体上文旅融合发展还缺乏深度、广度和力度。

出现上述问题的原因，主要在于短时间大规模保护工作积累的后续保护利用的巨大需求和目前文物保护利用能力供给之间的失衡，具体来说，有以下几个方面。

### 1. 工作体制和机制的变化

三峡文物保护取得巨大成就，离不开全国文物保护力量的参与，

更重要的是在体制机制上进行了创新和探索，特别是建立了一个高效有力的工作领导机制，三峡工程文物保护工作直接由国务院三建委统一领导和组织协调，国家文物局为成员单位，指导湖北、重庆两省市文物部门开展工作，这种工作体制保证了文物保护工作的高效率、协同性和规范性，在三峡后续规划实施中，国务院三建委仍然扮演了重要的组织领导角色，但随着2018年国务院三建委并入水利部，国家层面上的组织协调力有所减弱，更多的事务由国家文物局和省市文物行政部门来组织协调，相对而言，这种常规文物保护工作机制的回归，给三峡文物保护工作带来一定困难。另外，随着三峡水利工程的建成和水库蓄水，采取了更为严格的生态保护措施和开发建设限制，对文物保护利用需要的基础配套建设和环境整治工作也有一定影响。

## 2. 研究阐释不足

长期以来，三峡文物工作的重心主要在于抢救保护文物，对于后续保护利用的研究和考虑较为薄弱，即使已开展的研究大多是对历史、艺术和科学价值方面的诠释，而对于社会价值和文化价值等对于当代社会有重要意义的部分还未充分重视，价值阐释的专业化和通俗化也需要平衡。三峡文物的研究阐释，目前还没有建立起一整套的文物价值体系，没有有效提炼出三峡的核心文化基因、文化要素和典型文化标识，以及这些文化内涵转化的有效途径。

## 3. 文物保护机构人才不足

三峡各区县均未单设文物局，文物行政管理力度偏弱、话语权不强。区县文管所与博物馆基本都实行"两块牌子、一套人马"，既是保护管理机构，又是宣传展示利用的平台，二者相互之间职能分工不同，合署办公导致基层文物保护机构往往身兼数职、头绪繁多，无法集约使用原本紧张的文物保护力量。人员编制不足现象较为普遍，26个区县中有12家文物保护机构编制不足10名，巫溪县文管所、兴山县民俗博物馆编制甚至仅有3名；专业人员严重缺乏，高级职称比例较低，湖北5个文物保护机构仅有编制44名，实际在编35人中，具有文物保护相关专业知识和工作经验的专业人员仅18人，高级职称只有7人；

重庆22家区县级文物保护机构编制数346人，其中专业人员202人，高级职称也只有39人（见附表17）。基层单位平台小、条件差、待遇低，无法吸引和留住高学历人才，进一步加剧了基层文物保护专业力量的短缺。

### 4. 文物保护资金投入不足

一是政府投入不足。来自财政用于三峡文物保护的专项资金呈逐年下降的趋势，各区县财政囿于本身财力有限，难以保障文物保护资金需求。如重庆中国三峡博物馆现有的四个文化主题类的基本陈列中，有两个因为经费问题自2005年开馆以来从未改陈，而按照国际惯例，一个展览大多在6～8年之间要进行更换或改陈；武隆区、长寿区财政预算仅能维持日常文物安全管理，无法满足文物保护需求；石柱县的革命文物专项资金缺乏；丰都县无文物库房专项经费，配置的恒温恒湿设备不能长期开启，无法确保文物恒温恒湿条件保管等。另外，用于文物征集的经费长期不足，难以通过文物征集补充藏品数量和完善藏品体系，目前严格的财务审查审计制度也让博物馆难以采取传统购买征集方式开展工作。二是投入不均衡，一方面是地区间投入不均衡，财政状况较好的区县投入多，财政状况差的区县投入少；另一方面是投入范围不均衡，低级别和无级别文物保护投入尤其不足，并且开支范围主要集中于各类文物保护工程项目，文物日常维护保养费用未纳入开支范围。三是社会力量参与不够，对文物保护投入的多元化机制探索不足，特别是用多种方式、多个渠道筹措社会资金进入文物保护领域的思考不够，行之有效的办法不多。

### 5. 文物保护展示设施设备落后

文物库房方面，一是库房面积不足，部分区县无专业文物库房，部分区县库房面积狭小，如渝中区文物保护管理所库房面积只有10平方米，导致文物密集堆放、无法分类存放、大体量文物无法存放。二是文物保护装备缺乏，大部分文物库房施舍设备简陋，无法满足文物保存的基本环境要求，除文物管理所（博物馆）精品文物库房配备有温湿度调控设备外，大多数文物库房仅依靠中央空调调节库房内温度，有两家收藏单位的库房甚至没有配备温度调控设备，大部分单位的库房内未配置温湿度监测设备，工作人员无法准确获取库房内文物保存环境指标，为文物保存环境的调控带来了很大的难度。此外，部分单位还存在缺少专业文物囊匣、库房监控报警系统老旧、库房采光设计不合理（紫外照度过高）等问题。博物馆展厅方面，一是展厅面积小，展览数量少，从而导致藏品展出率偏低；二是展陈设备老旧，展柜玻璃材质不达标、展柜内温湿度超标、展柜内生物病害严重、展厅展柜采光设计不合理、展厅及展柜有害气体浓度超标等问题比较普遍。本次调查发现，共有389个钢化玻璃展柜、11个普通玻璃展柜，因不符合文物安全要求，需要逐步进行更换，部分珍贵文物展柜内未配备温湿度调节设备，无法有效地调控文物保存环境，极易爆发生物病害，另外还有11家文物收藏单位消防系统老旧，亟需改造。

# 第四章　三峡历史文化遗产资源保护利用对策建议

## 第一节　统筹协调推进文物保护利用工作

加强顶层设计，编制《三峡文物保护利用专项规划》，统筹谋划、全面推进三峡文物保护、管理、研究和展示利用工作。明确未来工作的目标、任务，重点加强文物资源整合、信息共建共享，完善文物保护管理体系，构建三峡文物核心价值体系和展览展示体系，建立跨区域、跨部门、跨行业协调机制，整体提升三峡文物保护利用水平。

### 1. 加强三峡文物整体性和系统性保护

实施一批重点文物保护修缮、环境整治项目，推动重要文物基本实现由抢救性保护向预防性保护转变，为展示利用提供条件。加快三峡出土文物修复工作，编制实施"十四五"文物抢救修复计划，加强馆藏文物预防性保护和数字化保护，为三峡博物馆群建设提供藏品保障，满足三峡博物馆展览、研究需要。实施重点革命文物保护修缮工程，推进革命文物整体连片保护，落实馆藏革命文物保护措施。

### 2. 完善三峡文物保护管理体系

系统整合三峡文物资源，建设三峡文物资源数据库，推进实现文物资源动态管理。树立保护先行的理念，构筑文物安全防护体系，守牢文物安全底线和红线。做好重要文物保护单位保护规划，历史文化名城名镇名村、历史文化街区和传统村落保护规划编制工作，与相关国土空间规划衔接，实现"一张图"管理。

### 3. 提升文物科技保护能力

充分发挥科技支撑作用，加强文物保护装备、技术研发和科研能力建设，建立文物科技保护体系。创新保护技术理念，推动三峡文物科技保护能力提升。持续推进三峡文物保护科研基地建设，加大文物保护技术、保护装备研发和应用力度，针对三峡文物特点，重点发展文物风险防控、火灾防范与应急处置专用技术体系，加强土遗址生物病害治理、石质文物防风化和雨水侵蚀、文物建筑抗震防潮、馆藏文物有害生物控制等技术研究与应用。整合优化科技资源配置，促进文物科技资源共享。

### 4. 深化三峡文物研究阐释

加强三峡考古调查发掘研究，科学阐释三峡人类起源、文明起源发展、巴楚文化源流及与周边文化交汇融合等重要历史问题。加快三峡考古发掘研究报告出版，完成44部考古报告和5部考古报告集的出版工作。加强三峡历史文化的研究与阐释，发挥现有长江文明考古研究院和三峡文化保护与弘扬协同创新研究中心作用，推动成立长江文化研究院，加大三峡出土文物、考古遗址等研究，系统挖掘三峡历史文化内涵，推出一批高质量研究成果，确立三峡文物核心价值体系。

### 5. 构建三峡文物展览展示体系

建设三峡文物展览展示系统，推动三峡文物主题展示带和展示区建设，进一步完善跨区协作、各具特色、收藏类型丰富、优势互补的三峡博物馆体系，支持博物馆场馆建设和展陈提升，通过馆藏文物信息互联互通、建立合作联盟、采取总分馆制等方式，推进馆藏文物资源共享和公共服务标准化、均等化。

### 6. 创新三峡文物展示利用方式

创建三峡国家文物保护利用示范区，培育三峡考古遗址公园，成为长江文化公园建设先行示范区，系统推进历史文化遗产资源保护传承、研究发掘、环境配套、文旅融合、数字再现等重点基础工程建设。建设三峡沿江古镇文化旅游带，重点实施古镇范围内的文物本体修缮保护、文物周边环境整治、旅游配套设施建设和包括非物质文化遗产在内的历史文化挖掘研究展示等方面建设内容。有效发挥三峡历史文化遗产资源作用，实现生态环境与人文环境和谐发展，积极融入长江经济带建设，努力将三峡打造成长江经济带上一颗璀璨的明珠，中华文化的亮丽新名片。

## 第二节　加强文物保护机构队伍建设

增加三峡文物考古科研机构人员编制，培育高层次人才队伍；着力加强区县基层文物保护力量，满足文物保护基本需求。推动文物价值高、资源利用潜力相对好的文物保护单位设置专门的管理机构。构建新时代文物人才培养体系，深化人事管理改革，健全人才培养、使用、评价和激励机制，提高文物保护人员待遇。加强高等院校、职业院校文物保护相关学科建设和专业设置，推进校地合作。加强文物保护专家智库建设和文物志愿者队伍规范化建设。

## 第三节　加大文物保护利用资金投入

根据初步调查统计，三峡后续保护利用工作资金需求巨大。不可移动文物方面，需开展考古发掘、保护规划编制、本体保护维修、保护性设施、展示利用、环境整治、配套基础设施等保护利用项目；可移动文物方面，新建文物库房，配置安防、消防、环境控制设施设备、柜架和囊匣，开展文物修复、数字化，新建、改建、扩建博物馆，举办新展览，进行考古资料数字化及利用等也需要大量投入。

为保障资金投入，需要建立多元化的文化遗产保护资金投入机制。一方面，建议中央财政加大投入力度，重点支持重庆、湖北做好考古发掘、规划编制、保护修缮、藏品修复、文物安全等工作，将三峡省级及以下文物保护单位的维修保护、一般文物的保护修复纳入国家文物保护专项资金支持范围。按照财权事权划分的原则，文旅融合发展、基础设施建设、历史文化名城名镇保护、非物质文化遗产保护研究利用等，分别由水利、住建、文旅部门和地方政府持续投入。另一方面，鼓励地方政府通过税收、土地等优惠政策，引导和支持社会力量参与文物保护利用工作，积极吸引社会资金投入。

## 附表 1　三峡历史文化遗产资源统计表

| 类别 | 级别 | 湖北 | 重庆 | 合计 |
|---|---|---|---|---|
| 不可移动文物（处） | 全国重点文物保护单位 | 5 | 53（121） | 58（121） |
| | 省级文物保护单位 | 31 | 251（388） | 282（388） |
| | 市县级文物保护单位 | 506 | 992 | 1498 |
| | 未定级 | 904 | 13654 | 14558 |
| | 合计 | 1446 | 14950（15155） | 16396（16601） |
| 可移动文物（件／套） | 一级文物 | 25 | 993 | 1018 |
| | 二级文物 | 141 | 2425 | 2566 |
| | 三级文物 | 347 | 27139 | 27486 |
| | 珍贵标本、化石 | － | 2789 | 2789 |
| | 一般文物 | 516 | 113372 | 113888 |
| | 一般标本、化石 | － | 87832 | 87832 |
| | 未定级 | 34688 | 264218 | 298906 |
| | 其他标本、化石 | － | 10314 | 10314 |
| | 合计 | 35717 | 509082 | 544799 |
| 历史文化名城（座） | 国家级 | 0 | 1 | 1 |
| | 省　级 | 0 | 1 | 1 |
| | 合计 | 0 | 2 | 2 |
| 历史文化名镇（个） | 国家级 | 0 | 14 | 14 |
| | 省　级 | 0 | 16 | 16 |
| | 合计 | 0 | 30 | 30 |
| 历史文化名村（个） | 国家级 | 0 | 1 | 1 |
| | 省　级 | 0 | 16 | 16 |
| | 合计 | 0 | 17 | 17 |
| 历史文化街区（个） | 国家级 | 0 | 1 | 1 |
| | 省　级 | 0 | 9 | 9 |
| | 合计 | 0 | 10 | 10 |

| 类别 | 级别 | 湖北 | 重庆 | 合计 |
|---|---|---|---|---|
| 传统村落（个） | 国家级 | 4 | 32 | 36 |
| | 省级 | 0 | 13 | 13 |
| | 合计 | 4 | 45 | 49 |
| 非物质文化遗产（项） | 国家级 | 12 | 28 | 40 |
| | 省级 | 21 | 429 | 450 |
| | 市州级 | 32 | – | 32 |
| | 区县级 | 175 | 1628 | 1803 |
| | 合计 | 240 | 2085 | 2325 |

## 附表 2　三峡不可移动文物分布统计表

| 区县 | 三峡工程保护文物 | 三峡后续保护文物 | 其他文物 | 合计 |
|---|---|---|---|---|
| 重庆 | | | | |
| 巫山县 | 203 | 11 | 985 | 1199 |
| 巫溪县 | 1 | 1 | 223 | 225 |
| 奉节县 | 82 | 0 | 428 | 510 |
| 云阳县 | 64 | 9 | 1132 | 1205 |
| 开州区 | 66 | 4 | 368 | 438 |
| 万州区 | 145 | 17 | 1023 | 1185 |
| 忠县 | 75 | 6 | 999 | 1080 |
| 石柱县 | 40 | 8 | 807 | 855 |
| 丰都县 | 79 | 9 | 991 | 1079 |
| 涪陵区 | 40 | 18 | 976 | 1034 |
| 武隆区 | 3 | 2 | 1560 | 1565 |
| 长寿区 | 1 | 3 | 616 | 620 |
| 渝北区 | 15 | 2 | 513 | 530 |

| 区县 | 三峡工程保护文物 | 三峡后续保护文物 | 其他文物 | 合计 |
|---|---|---|---|---|
| 巴南区 | 18 | 6 | 1474 | 1498 |
| 南岸区 | 1 | 0 | 167 | 168 |
| 江北区 | 1 | 0 | 156 | 157 |
| 渝中区 | 1 | 0 | 236 | 237 |
| 沙坪坝区 | 0 | 0 | 211 | 211 |
| 北碚区 | 0 | 0 | 164 | 164 |
| 九龙坡区 | 0 | 0 | 94 | 94 |
| 大渡口区 | 0 | 0 | 107 | 107 |
| 江津区 | 0 | 0 | 835 | 835 |
| 两江新区 | 0 | 1 | 34 | 35 |
| 高新区 | 0 | 0 | 124 | 124 |
| 合计 | 835 | 97 | 14223 | 15155 |
| 湖北 | | | | |
| 夷陵区 | 27 | 31 | 276 | 334 |
| 秭归县 | 180 | 17 | 171 | 368 |
| 兴山县 | 15 | 5 | 417 | 437 |
| 巴东县 | 65 | 0 | 242 | 307 |
| 合计 | 287 | 53 | 1106 | 1446 |
| 总计 | 1122 | 150 | 15329 | 16601 |

备注：三峡工程保护文物是指列入三峡工程文物保护规划的不可移动文物，三峡后续保护文物是指使用三峡后续资金保护利用的不可移动文物，同一处文物在前三峡和后三峡均开展过保护工作的，归入前者不重复计算。

## 附表3　三峡不可移动文物类别统计表

| 类别 | 重庆 | 湖北 | 合计 | 占比（%） |
|---|---|---|---|---|
| 古遗址 | 1129 | 301 | 1430 | 8.61 |
| 古墓葬 | 8948 | 602 | 9550 | 57.53 |
| 古建筑 | 2508 | 308 | 2816 | 16.96 |
| 石窟寺及石刻 | 1193 | 47 | 1240 | 7.47 |
| 近现代重要史迹及代表性建筑 | 1354 | 183 | 1537 | 9.26 |
| 其他 | 23 | 5 | 28 | 0.17 |
| 合计 | 15155 | 1446 | 16601 | 100 |

## 附表4　三峡不可移动文物年代统计表

| 时代 | 重庆 | 湖北 | 合计 | 占比（%） |
|---|---|---|---|---|
| 第四纪及更早时期 | 3 | 0 | 3 | 0.02 |
| 旧石器时代 | 75 | 6 | 81 | 0.49 |
| 新石器时代 | 71 | 68 | 139 | 0.84 |
| 夏商周（含春秋） | 124 | 78 | 202 | 1.22 |
| 战国秦汉 | 1145 | 151 | 1296 | 7.81 |
| 三国两晋南北朝 | 60 | 10 | 70 | 0.42 |
| 隋唐五代 | 57 | 3 | 60 | 0.36 |
| 宋辽金元 | 207 | 10 | 217 | 1.31 |
| 明代 | 721 | 38 | 759 | 4.57 |
| 清代 | 10948 | 856 | 11804 | 71.10 |
| 近现代 | 1616 | 216 | 1832 | 11.04 |
| 不详 | 128 | 10 | 138 | 0.83 |
| 合计 | 15155 | 1446 | 16601 | 100 |

备注：为避免重复，包含多个时期遗存的不可移动文物按最早者统计。

### 附表 5　三峡不可移动文物保存状况统计表

| 保存状况 | 重庆 | 湖北 | 合计 | 占比（%） |
|---|---|---|---|---|
| 好 | 924 | 67 | 991 | 5.97 |
| 较好 | 1974 | 459 | 2433 | 14.66 |
| 一般 | 8076 | 666 | 8742 | 52.66 |
| 较差 | 2506 | 141 | 2647 | 15.94 |
| 差 | 1675 | 113 | 1788 | 10.77 |
| 合计 | 15155 | 1446 | 16601 | 100 |

### 附表 6　三峡可移动文物分布统计表

| 区县（单位） | 数量（件/套） | 三峡工程出土文物（件/套） | 三峡后续考古出土文物（件/套） |
|---|---|---|---|
| 重庆 | | | |
| 巫山县 | 28290 | 21169 | 813 |
| 巫溪县 | 1039 | 835 | 0 |
| 奉节县 | 20157 | 16677 | 280 |
| 云阳县 | 23487 | 21198 | 423 |
| 开州区 | 7296 | 4393 | 19 |
| 万州区 | 28753 | 18741 | 1137 |
| 忠县 | 23555 | 17098 | 791 |
| 石柱县 | 1168 | 948 | 0 |
| 丰都县 | 17602 | 15198 | 1299 |
| 涪陵区 | 14600 | 10150 | 2004 |
| 武隆区 | 1094 | 564 | 0 |
| 长寿区 | 758 | 274 | 102 |
| 渝北区 | 5100 | 0 | 744 |
| 巴南区 | 2991 | 63 | 0 |

| 区县（单位） | 数量（件／套） | 三峡工程出土文物（件／套） | 三峡后续考古出土文物（件／套） |
|---|---|---|---|
| 南岸区 | 3569 | 200 | 0 |
| 江北区 | 329 | 0 | 0 |
| 渝中区 | 1145 | 0 | 0 |
| 沙坪坝区 | 867 | 0 | 0 |
| 北碚区 | 16578 | 0 | 0 |
| 九龙坡区 | 611 | 0 | 0 |
| 大渡口区 | 1487 | 0 | 0 |
| 江津区 | 7566 | 0 | 0 |
| 高新区 | 1 | 0 | 0 |
| 重庆中国三峡博物馆 | 123401 | 1224 | 6642 |
| 重庆市文化遗产研究院 | 48341 | 17772 | 19632 |
| 重庆自然博物馆 | 100612 | 0 | 0 |
| 重庆红岩联线文化发展管理中心 | 28685 | 0 | 0 |
| 合计 | 509082 | 146504 | 33886 |
| 湖北 | | | |
| 夷陵区 | 9845 | 9146 | 0 |
| 秭归县 | 8099 | 3188 | 265 |
| 兴山县 | 3496 | 1009 | 341 |
| 巴东县 | 11808 | 10358 | 21 |
| 湖北省博物馆 | 287 | 287 | 0 |
| 湖北省文物考古研究所 | 2182 | 2182 | 0 |
| 合计 | 35717 | 26170 | 627 |
| 总计 | 544799 | 172674 | 34513 |

## 附表 7　三峡可移动文物年代类型统计表

| 年代类型 | 重庆 | 湖北 | 合计 | 占比（%） |
|---|---|---|---|---|
| 地质年代 | 100934 | 0 | 100934 | 18.53 |
| 考古学年代 | 21735 | 8330 | 30065 | 5.52 |
| 历史学年代 | 351472 | 25863 | 377335 | 69.26 |
| 公历纪年 | 1885 | 0 | 1885 | 0.35 |
| 其他 | 14952 | 0 | 14952 | 2.74 |
| 年代不详 | 18104 | 1524 | 19628 | 3.60 |
| 合计 | 509082 | 35717 | 544799 | 100 |

## 附表 8　三峡可移动文物中国历史学年代分布统计表

| 中国历史学年代 | 重庆 | 湖北 | 合计 | 占比（%） |
|---|---|---|---|---|
| 夏 | 20 | 333 | 353 | 0.09 |
| 商 | 2366 | 2106 | 20438 | 5.42 |
| 周 | 15966 | | | |
| 秦 | 349 | 122 | 471 | 0.12 |
| 汉 | 95207 | 8135 | 103342 | 27.39 |
| 三国 | 995 | 312 | 1307 | 0.35 |
| 西晋 | 510 | 365 | 875 | 0.23 |
| 东晋十六国 | 2338 | 1001 | 3339 | 0.88 |
| 南北朝 | 5985 | 222 | 6207 | 1.64 |
| 隋 | 68 | 2 | 70 | 0.02 |
| 唐 | 7286 | 588 | 7874 | 2.09 |
| 五代十国 | 386 | 10 | 396 | 0.10 |
| 宋 | 28299 | 2798 | 31097 | 8.24 |
| 辽 | 83 | 3 | 86 | 0.02 |

| 中国历史学年代 | 重庆 | 湖北 | 合计 | 占比（%） |
|---|---|---|---|---|
| 西夏 | 58 | 1 | 59 | 0.02 |
| 金 | 148 | 9 | 157 | 0.04 |
| 元 | 1651 | 23 | 1674 | 0.44 |
| 明 | 14860 | 1094 | 15954 | 4.23 |
| 清 | 69488 | 5686 | 75174 | 19.92 |
| 民国 | 55419 | 1513 | 56932 | 15.09 |
| 中华人民共和国 | 49990 | 1540 | 51530 | 13.66 |
| 合计 | 351472 | 25863 | 377335 | 100 |

### 附表9　三峡可移动文物分类统计表

| 文物类别 | 重庆 | 湖北 | 合计 | 占比（%） |
|---|---|---|---|---|
| 玉石器、宝石 | 4351 | 282 | 4633 | 1.04 |
| 陶器 | 95180 | 4554 | 99734 | 22.47 |
| 瓷器 | 49383 | 3898 | 53281 | 12.00 |
| 铜器 | 14829 | 1328 | 16157 | 3.64 |
| 金银器 | 1578 | 247 | 1825 | 0.41 |
| 铁器、其他金属器 | 5540 | 305 | 5845 | 1.32 |
| 漆器 | 639 | 8 | 647 | 0.15 |
| 雕塑、造像 | 14864 | 64 | 14928 | 3.36 |
| 石器、石刻、砖瓦 | 28408 | 7982 | 36390 | 8.20 |
| 书法、绘画 | 17715 | 1463 | 19178 | 4.32 |
| 文具 | 2463 | 47 | 2510 | 0.57 |
| 甲骨 | 234 | 35 | 269 | 0.06 |
| 玺印符牌 | 2739 | 73 | 2812 | 0.63 |
| 钱币 | 46407 | 10325 | 56732 | 12.78 |

| 文物类别 | 重庆 | 湖北 | 合计 | 占比（%） |
|---|---|---|---|---|
| 牙骨角器 | 1857 | 310 | 2167 | 0.49 |
| 竹木雕 | 1705 | 72 | 1777 | 0.40 |
| 家具 | 1327 | 54 | 1381 | 0.31 |
| 珐琅器 | 319 | 3 | 322 | 0.07 |
| 织绣 | 5771 | 48 | 5819 | 1.31 |
| 古籍图书 | 27073 | 3568 | 30641 | 6.90 |
| 碑帖拓本 | 11840 | 23 | 11863 | 2.67 |
| 武器 | 5669 | 270 | 5939 | 1.34 |
| 邮品 | 502 | 1 | 503 | 0.11 |
| 文件、宣传品 | 14171 | 25 | 14196 | 3.20 |
| 档案文书 | 10593 | 46 | 10639 | 2.40 |
| 名人遗物 | 3630 | 0 | 3630 | 0.82 |
| 玻璃器 | 1107 | 165 | 1272 | 0.29 |
| 乐器、法器 | 957 | 76 | 1033 | 0.23 |
| 皮革 | 1909 | 10 | 1919 | 0.43 |
| 音像制品 | 21007 | 0 | 21007 | 4.73 |
| 票据 | 4094 | 17 | 4111 | 0.93 |
| 交通、运输工具 | 256 | 0 | 256 | 0.06 |
| 度量衡器 | 252 | 25 | 277 | 0.06 |
| 标本化石（文物） | 4777 | 160 | 4937 | 1.11 |
| 其他 | 5001 | 233 | 5234 | 1.18 |
| 合计 | 408147 | 35717 | 443864 | 100 |

**附表 10　三峡可移动文物标本化石分类统计表（重庆）**

| 标本、化石类别 | 数量（件 / 套） | 占比（%） |
|---|---|---|
| 古人类化石 | 189 | 0.19 |
| 古生物化石 | 3066 | 3.04 |
| 现生动物和现生植物 | 92473 | 91.62 |
| 岩石和矿物 | 4913 | 4.87 |
| 其他 | 294 | 0.29 |
| 合计 | 100935 | 100 |

**附表 11　三峡可移动文物完残程度统计表**

| 完残程度 | 重庆 | 湖北 | 合计 | 占比（%） |
|---|---|---|---|---|
| 完整 | 70202 | 2901 | 73103 | 13.42 |
| 基本完整 | 251143 | 17408 | 268551 | 49.29 |
| 残缺 | 148775 | 11244 | 160019 | 29.37 |
| 严重残缺（含缺失部件） | 38962 | 4164 | 43126 | 7.92 |
| 合计 | 509082 | 35717 | 544799 | 100 |

**附表 12　三峡可移动文物保存状况统计表**

| 保存状况 | 重庆 | 湖北 | 合计 | 占比（%） |
|---|---|---|---|---|
| 状态稳定，不需修复 | 334965 | 20228 | 355193 | 65.20 |
| 部分损腐，需要修复 | 133562 | 11105 | 144667 | 26.55 |
| 腐蚀损毁严重，急需修复 | 14847 | 2547 | 17394 | 3.19 |
| 已修复 | 25708 | 1837 | 27545 | 5.06 |
| 合计 | 509082 | 35717 | 544799 | 100 |

## 附表 13 三峡历史文化名城名镇名村、历史文化街区及传统村落统计表

| 区县 | 历史文化名城 | | 历史文化名镇 | | 三峡迁建保护风貌镇 | 亟待抢救风貌镇 | 历史文化名村 | | 历史文化街区 | | 传统村落 | |
|---|---|---|---|---|---|---|---|---|---|---|---|---|
| | 国家级 | 省级 | 国家级 | 省级 | | | 国家级 | 省级 | 国家级 | 省级 | 国家级 | 省级 |
| 重庆 | | | | | | | | | | | | |
| 巫山县 | | | | 2 | 1 | | | | | | 1 | 2 |
| 巫溪县 | | | 1 | | | | | | | | | |
| 奉节县 | | | | 1 | | 1 | | 1 | | | | |
| 云阳县 | | | | 1 | | | | 1 | | | | |
| 开州区 | | | 1 | | | | | | | | | |
| 万州区 | | | 1 | 2 | | | | 1 | | | 3 | |
| 忠县 | | | | 1 | | | | | | | 4 | |
| 石柱县 | | | 1 | | | | | 2 | | | 8 | 10 |
| 丰都县 | | | | 1 | | | | 2 | | | | |
| 涪陵区 | | | 1 | 1 | 1 | | 1 | 2 | | | 4 | |
| 武隆区 | | | | | | | | 1 | | | 5 | |
| 长寿区 | | | | 1 | | | | 1 | | 1 | | |
| 渝北区 | | | | | | | | | | | | 1 |
| 巴南区 | | | 1 | 1 | | | | 1 | | | 1 | |
| 南岸区 | | | | | | | | | | 1 | | |
| 江北区 | | | | | | | | | | 1 | | |
| 渝中区 | | | | | | | | | | 3 | | |
| 沙坪坝区 | | | | | | | | | 1 | | | |
| 北碚区 | | | 1 | | | | | | | 2 | | |
| 九龙坡区 | | | | 1 | | | | 1 | | | | |
| 江津区 | 1 | 5 | | | | 1 | | 2 | | 1 | 5 | |
| 两江新区 | | | 1 | | | | | | | | | |

| 区县 | 历史文化名城 | | 历史文化名镇 | | 三峡迁建保护风貌镇 | 亟待抢救风貌镇 | 历史文化名村 | | 历史文化街区 | | 传统村落 | |
|---|---|---|---|---|---|---|---|---|---|---|---|---|
| | 国家级 | 省级 | 国家级 | 省级 | | | 国家级 | 省级 | 国家级 | 省级 | 国家级 | 省级 |
| 高新区 | | 1 | | | | | | 1 | | | 1 | |
| 合计 | | 1 | 14 | 9 | 5 | 2 | 1 | 16 | 1 | 9 | 32 | 13 |
| 湖北 | | | | | | | | | | | | |
| 秭归县 | | | | | | | | | | | 1 | |
| 兴山县 | | | | | | | | | | | 2 | |
| 巴东县 | | | | | | | | | | | 1 | |
| 合计 | 0 | 0 | 0 | 0 | 0 | 0 | 0 | 0 | 0 | 0 | 4 | 0 |
| 总计 | 0 | 1 | 14 | 9 | 5 | 2 | 1 | 16 | 1 | 9 | 36 | 13 |

## 附表 14　三峡非物质文化遗产分布统计表

| 所在区县 / 单位 | 代表性项目数量 |
|---|---|
| 重庆 | |
| 万州区 | 135 |
| 涪陵区 | 154 |
| 渝中区 | 48 |
| 大渡口区 | 66 |
| 江北区 | 41 |
| 沙坪坝区 | 69 |
| 九龙坡区 | 45 |
| 南岸区 | 56 |
| 北碚区 | 142 |
| 渝北区 | 103 |
| 巴南区 | 65 |

| 所在区县 / 单位 | 代表性项目数量 |
|---|---|
| 长寿区 | 61 |
| 江津区 | 85 |
| 开州区 | 70 |
| 武隆区 | 159 |
| 丰都县 | 57 |
| 忠 县 | 219 |
| 云阳县 | 84 |
| 奉节县 | 78 |
| 巫山县 | 97 |
| 巫溪县 | 61 |
| 石柱县 | 136 |
| 高新区 | 26 |
| 两江新区 | 8 |
| 市川剧院 | 1 |
| 市曲艺团 | 7 |
| 市杂技团 | 2 |
| 重庆市国资委 | 1 |
| 重庆市体育局 | 1 |
| 重庆市商务委 | 1 |
| 重庆市非物质文化遗产保护中心 | 5 |
| 重庆市火锅协会 | 1 |
| 重庆市美术有限责任公司 | 1 |
| 合 计 | 2085 |
| 湖北 | |
| 夷陵区 | 48 |

| 所在区县 / 单位 | 代表性项目数量 |
|---|---|
| 兴山县 | 65 |
| 秭归县 | 83 |
| 巴东县 | 44 |
| 合计 | 240 |
| 总计 | 2325 |

## 附表 15　三峡非物质文化遗产分类统计表

| 类别 | 国家级 | 省级 | 市州级 | 区县级 | 合计 |
|---|---|---|---|---|---|
| 民间文学 | 5 | 47 | 4 | 145 | 201 |
| 传统音乐 | 13 | 55 | 7 | 223 | 298 |
| 传统舞蹈 | 2 | 30 | 5 | 121 | 158 |
| 传统戏剧 | 1 | 18 | 1 | 18 | 38 |
| 曲艺 | 6 | 15 | 0 | 51 | 72 |
| 传统体育、游艺与杂技 | 1 | 18 | 2 | 79 | 100 |
| 传统美术 | 3 | 51 | 3 | 135 | 192 |
| 传统技艺 | 3 | 160 | 6 | 693 | 862 |
| 传统医药 | 4 | 28 | 3 | 109 | 144 |
| 民俗 | 2 | 28 | 1 | 222 | 253 |
| 其他 | 0 | 0 | 0 | 7 | 7 |
| 合计 | 40 | 450 | 32 | 1803 | 2325 |

## 附表 16　三峡文物保护管理机构和国有文物收藏单位基本情况统计表

| 区县/单位 | 机构数量 | 机构类型 | | | | | | | | 隶属关系 | |
|---|---|---|---|---|---|---|---|---|---|---|---|
| | | 博物馆 | 考古所 | 文管所 | 纪念馆 | 美术馆 | 图书馆 | 档案馆 | 其他 | 文物系统 | 其他 |
| 重庆 | | | | | | | | | | | |
| 巫山县 | 1 | 1 | | | | | | | | 1 | |
| 巫溪县 | 5 | 2 | | 1 | | | 1 | 1 | | 3 | 2 |
| 奉节县 | 6 | 2 | | 1 | 1 | 1 | 1 | | | 3 | 3 |
| 云阳县 | 4 | 1 | | 1 | | | | 1 | 1 | 2 | 2 |
| 开州区 | 5 | 1 | | 1 | 1 | | 1 | 1 | | 2 | 3 |
| 万州区 | 15 | 1 | | 1 | 1 | | 1 | | 11 | 2 | 13 |
| 忠县 | 5 | 1 | | 1 | | | 1 | | 2 | 2 | 3 |
| 石柱县 | 2 | 1 | | 1 | | | | | | 2 | |
| 丰都县 | 6 | 1 | | 1 | | | 1 | 1 | 2 | 2 | 4 |
| 涪陵区 | 6 | 2 | | 1 | | | 2 | | 1 | 3 | 3 |
| 武隆区 | 4 | 1 | | 1 | | | 1 | 1 | | 2 | 2 |
| 长寿区 | 1 | | | 1 | | | | | | 1 | |
| 渝北区 | 5 | 2 | | 0 | | | | 1 | 2 | 2 | 3 |
| 巴南区 | 2 | 1 | | 1 | | | | | | 2 | |
| 南岸区 | 5 | 1 | | 1 | 1 | | 1 | | | 2 | 3 |
| 江北区 | 1 | | | 1 | | | | | | 1 | |
| 渝中区 | 4 | 1 | | 1 | | 1 | 1 | | | 2 | 2 |
| 沙坪坝区 | 8 | 2 | | 1 | 3 | | 1 | 1 | | 3 | 5 |
| 北碚区 | 4 | 2 | | 1 | | | 1 | | | 2 | |
| 九龙坡区 | 2 | 1 | | 1 | | | | | | 2 | |
| 大渡口区 | 2 | 1 | | 1 | | | | | | 2 | |
| 江津区 | 10 | 1 | | 1 | 2 | | 1 | | 5 | 2 | 8 |

| 区县/单位 | 机构数量 | 机构类型 | | | | | | | | 隶属关系 | |
|---|---|---|---|---|---|---|---|---|---|---|---|
| | | 博物馆 | 考古所 | 文管所 | 纪念馆 | 美术馆 | 图书馆 | 档案馆 | 其他 | 文物系统 | 其他 |
| 两江新区 | 1 | | | | | | | | 1 | | 1 |
| 高新区 | 1 | | | | | | | | 1 | | 1 |
| 三峡博物馆 | 1 | 1 | | | | | | | | 1 | |
| 红岩联线 | 1 | 1 | | | | | | | | 1 | |
| 重庆市文化遗产研究院 | 1 | | 1 | | | | | | | 1 | |
| 自然博物馆 | 1 | 1 | | | | | | | | 1 | |
| 合计 | 109 | 29 | 1 | 20 | 9 | 2 | 14 | 8 | 26 | 49 | 58 |
| 湖北 | | | | | | | | | | | |
| 秭归县 | 5 | 1 | | | | | 1 | 1 | 2 | 3 | 2 |
| 夷陵区 | 4 | 1 | | 1 | | | 1 | 1 | | 2 | 2 |
| 兴山县 | 3 | 1 | | | | | 1 | 1 | | 1 | 2 |
| 巴东县 | 4 | 1 | | 1 | | | 1 | 1 | | 1 | 3 |
| 宜昌博物馆 | 1 | 1 | | | | | | | | 1 | |
| 湖北省博物馆 | 1 | 1 | | | | | | | | 1 | |
| 湖北省文物考古研究所 | 1 | | 1 | | | | | | | 1 | |
| 合计 | 19 | 6 | 1 | 2 | 0 | 0 | 4 | 4 | 2 | 10 | 9 |
| 总计 | 128 | 35 | 2 | 22 | 9 | 2 | 18 | 12 | 28 | 59 | 67 |

附表 17　三峡文物保护管理机构和国有文物收藏单位人员编制情况统计表（文物系统）

| 区县 / 单位 | 编制数（名） | 占编人数（名） | 人员构成（名） | | | | | 职称情况（名） | | | |
|---|---|---|---|---|---|---|---|---|---|---|---|
| | | | 专技人员 | 管理人员 | 服务人员 | 安保人员 | 其他 | 高级职称 | 中级职称 | 初级职称 | 无职称 |
| 重庆 | | | | | | | | | | | |
| 巫山县 | 15 | 15 | 10 | 4 | | | 1 | 2 | 4 | 4 | 5 |
| 巫溪县 | 7 | 7 | 7 | | | | | 1 | | 6 | |
| 奉节县 | 30 | 26 | 12 | 3 | | | 11 | 3 | 8 | 1 | 14 |
| 云阳县 | 30 | 27 | 17 | 10 | | | | 2 | 6 | 9 | 10 |
| 开州区 | 22 | 14 | 8 | 5 | | 1 | | 2 | 5 | 1 | 6 |
| 万州区 | 49 | 36 | 22 | 9 | 3 | | 2 | 6 | 11 | 5 | 14 |
| 忠县 | 47 | 44 | 34 | 1 | | | 9 | 6 | 10 | 18 | 10 |
| 石柱县 | 6 | 5 | 4 | 1 | | | | | 3 | 1 | 1 |
| 丰都县 | 9 | 6 | 5 | 1 | | | | 1 | 2 | 2 | 1 |
| 涪陵区 | 23 | 19 | 16 | 3 | | | | 4 | 8 | 4 | 3 |
| 武隆区 | 12 | 11 | 11 | | | | | 2 | 4 | 4 | 0 |
| 长寿区 | 8 | 8 | 8 | | | | | 1 | 6 | 1 | |
| 渝北区 | 9 | 8 | 6 | 2 | | | | 1 | 3 | 2 | 2 |
| 巴南区 | 13 | 11 | 10 | 1 | | | | 1 | 5 | 4 | 1 |
| 南岸区 | 5 | 5 | 3 | 2 | | | | 1 | 1 | 1 | 2 |
| 江北区 | 7 | 5 | 1 | 4 | | | | | | 1 | 4 |
| 渝中区 | 12 | 7 | 6 | 1 | | | | 1 | 3 | 2 | 1 |
| 沙坪坝区 | 10 | 8 | 4 | 4 | | | | | 2 | 2 | 4 |
| 北碚区 | 10 | 7 | 4 | 3 | | | | | 3 | 1 | 3 |
| 九龙坡区 | 6 | 4 | 3 | 1 | | | | 1 | 2 | | 1 |
| 大渡口区 | 4 | 4 | 3 | 1 | | | | 1 | 2 | | 1 |
| 江津区 | 12 | 11 | 8 | 3 | | | | 3 | 4 | 1 | 3 |

| 区县/单位 | 编制数（名） | 占编人数（名） | 人员构成（名） | | | | | 职称情况（名） | | | |
|---|---|---|---|---|---|---|---|---|---|---|---|
| | | | 专技人员 | 管理人员 | 服务人员 | 安保人员 | 其他 | 高级职称 | 中级职称 | 初级职称 | 无职称 |
| 区县合计 | 346 | 288 | 202 | 59 | 3 | 1 | 23 | 39 | 92 | 67 | 86 |
| 三峡博物馆 | 210 | 186 | 142 | 39 | | | 5 | 48 | 69 | 25 | 44 |
| 红岩联线 | 305 | 273 | 124 | 133 | 16 | | | 31 | 55 | 41 | 146 |
| 市文化遗产研究院 | 59 | 50 | 43 | 7 | | | | 24 | 16 | 3 | 7 |
| 自然博物馆 | 70 | 64 | 48 | 11 | | | 5 | 16 | 20 | 12 | 16 |
| 市属单位合计 | 644 | 573 | 357 | 190 | 16 | 0 | 10 | 119 | 160 | 81 | 213 |
| 重庆合计 | 990 | 861 | 559 | 249 | 19 | 1 | 33 | 158 | 252 | 151 | 299 |
| 湖北 | | | | | | | | | | | |
| 秭归县 | 14 | 14 | 15 | 4 | 0 | 4 | 2 | 5 | 5 | 5 | 6 |
| 夷陵区 | 15 | 11 | 10 | 1 | 7 | 4 | 4 | 2 | 2 | 7 | 15 |
| 兴山县 | 5 | 3 | 3 | 2 | 2 | 2 | 1 | 0 | 2 | 1 | 7 |
| 巴东县 | 10 | 7 | 6 | 1 | | 2 | | 0 | 2 | 5 | 2 |
| 区县合计 | 44 | 35 | 34 | 8 | 9 | 12 | 7 | 7 | 11 | 18 | 30 |
| 宜昌博物馆 | 52 | 49 | 38 | 26 | 25 | 45 | 0 | 11 | 13 | 19 | 91 |
| 湖北省博物馆 | 105 | 101 | 85 | 7 | 120 | 14 | 135 | 27 | 41 | 14 | 279 |
| 湖北省文物考古研究所 | 70 | 66 | 60 | 4 | | | 2 | 24 | 27 | 8 | 7 |
| 省市级合计 | 227 | 216 | 183 | 37 | 145 | 59 | 137 | 62 | 81 | 41 | 377 |
| 湖北合计 | 271 | 251 | 217 | 45 | 154 | 71 | 144 | 69 | 92 | 59 | 407 |
| 总计 | 1261 | 1112 | 776 | 294 | 173 | 72 | 177 | 227 | 344 | 210 | 706 |

## 附表 18 三峡可移动文物鉴定定级、建档、保管情况统计表

| 区县 | 鉴定定级情况 | | 建档情况 | | 保管情况 | | | |
|---|---|---|---|---|---|---|---|---|
| | 已鉴定定级文物 | 未鉴定定级文物 | 纸质建档率 | 数字建档率 | 库房数量（个） | 库房面积（平方米） | 已修复 | 已数字化 |
| 重庆 | | | | | | | | |
| 巫山县 | 2348 | 25942 | 100% | 100% | 6 | 627 | 944 | 0 |
| 巫溪县 | 52 | 987 | 100% | 100% | 2 | 270 | 14 | 191 |
| 奉节县 | 1012 | 19145 | 100% | 32.82% | 1 | 500 | 510 | 0 |
| 云阳县 | 260 | 23227 | 100% | 100% | 1 | 1645 | 535 | 141 |
| 开州区 | 5383 | 1913 | 100% | 80% | 5 | 500 | 735 | 6668 |
| 万州区 | 2310 | 26443 | 96.80% | 96.80% | 24 | 3764.2 | 454 | 1925 |
| 忠县 | 1251 | 22304 | 100% | 100% | 4 | 2000 | 572 | 0 |
| 石柱县 | 11 | 1157 | 100% | 94.80% | 1 | 300 | 13 | 1107 |
| 丰都县 | 740 | 16862 | 100% | 100% | 3 | 934.4 | 851 | 0 |
| 涪陵区 | 3073 | 11527 | 100% | 100% | 1 | 941 | 4664 | 0 |
| 武隆区 | 92 | 1002 | 100% | 100% | 3 | 1750 | 482 | 0 |
| 长寿区 | 219 | 539 | 100% | 80% | 1 | 120 | 0 | 0 |
| 渝北区 | 1171 | 3929 | 100% | 100% | 5 | 1111 | 9 | 3485 |
| 巴南区 | 516 | 2475 | 100% | 100% | 1 | 40 | 156 | 0 |
| 南岸区 | 1844 | 1725 | 100% | 0 | 4 | 249.64 | 40 | 0 |
| 江北区 | 267 | 62 | 100% | 100% | 1 | 28 | 34 | 2 |
| 渝中区 | 816 | 329 | 100% | 100% | 4 | 92.3 | 5 | 591 |
| 沙坪坝区 | 433 | 434 | 100% | 100% | 1 | 30 | 190 | 0 |
| 北碚区 | 58 | 16520 | 100% | 100% | 9 | 4000 | 43 | 738 |
| 九龙坡区 | 125 | 486 | 100% | 0 | 1 | 250 | 0 | 0 |
| 大渡口区 | 839 | 648 | 52% | 100% | 4 | 500 | 23 | 21 |
| 江津区 | 1424 | 6142 | 100% | 100% | 3 | 2085 | 277 | 20 |

| 区县 | 鉴定定级情况 | | 建档情况 | | 保管情况 | | | |
|---|---|---|---|---|---|---|---|---|
| | 已鉴定定级文物 | 未鉴定定级文物 | 纸质建档率 | 数字建档率 | 库房数量（个） | 库房面积（平方米） | 已修复 | 已数字化 |
| 两江新区 | 0 | 0 | 0 | 0 | 0 | 0 | 0 | 0 |
| 高新区 | 1 | 0 | 0 | 0 | 0 | 0 | 0 | 0 |
| 三峡博物馆 | 111386 | 12015 | 100% | 100% | 26 | 8100 | 473 | 123401 |
| 红岩联线 | 8297 | 20388 | 67.29% | 61.26% | 4 | 712 | 64 | 3675 |
| 市文化遗产研究院 | 1 | 48340 | 38% | 38% | 1 | 4000 | 7760 | 7760 |
| 自然博物馆 | 0 | 100612 | 100% | 100% | 4 | 2600 | 1859 | 0 |
| 合计 | 143929 | 365153 | 84.14% | 77.99% | 120 | 37150 | 20707 | 149725 |
| 湖北 | | | | | | | | |
| 秭归县 | 444 | 7655 | 66.60% | 66.60% | 1 | 415 | 0 | 0 |
| 兴山县 | 21 | 3475 | 90.04% | 90.04% | 1 | 200 | 22 | 0 |
| 夷陵区 | 31 | 1726 | 40.69% | 40.69% | 2 | 1100 | 33 | 0 |
| 巴东县 | 22 | 11786 | 100% | 0% | 1 | 1000 | 507 | 0 |
| 宜昌博物馆 | 276 | 7812 | 37.27% | 37.27% | 1 | 1518 | 368 | 12 |
| 湖北省博物馆 | 287 | 14 | 107 | 57 | 57 | 52 | 100% | 100% |
| 湖北省文物考古研究所 | 2182 | | | | | 2182 | 100% | 10% |
| 合计 | 1029 | 34688 | 74.33% | 40.65% | 6 | 4233 | 2142 | 71 |

## 附表 19　三峡国有文物收藏单位藏品展示情况统计表（2018～2020 年）

| 区县 / 单位 | 藏品情况 | | | | | 参观人数（万人） | | |
|---|---|---|---|---|---|---|---|---|
| | 场馆面积<br>（平方米） | 展厅面积<br>（平方米） | 基本陈列<br>（个） | 展品数量<br>（件 / 套） | 临时展览<br>（个） | 2018 年 | 2019 年 | 2020 年 |
| 重庆 | | | | | | | | |
| 巫山县 | 8440 | 3700 | 1 | 2160 | 35 | 6.08 | 5.37 | 3.18 |
| 巫溪县 | 2770 | 1618 | 3 | 103 | 1 | 7.30 | 7.67 | 5.73 |
| 奉节县 | 15000 | 3747 | 11 | 734 | 4 | 127.00 | 136.95 | 111.74 |
| 云阳县 | 3500 | 3500 | 1 | 374 | | 65.00 | 63.50 | 13.50 |
| 开州区 | 4259 | 2350 | 4 | 370 | 1 | 28.00 | 33.00 | 25.00 |
| 万州区 | 22764 | 11868 | 9 | 1602 | 12 | 94.32 | 108.01 | 41.47 |
| 忠县 | 15000 | 6000 | 1 | 783 | 9 | 50.20 | 43.68 | 15.68 |
| 石柱县 | 0 | 0 | 0 | 0 | 5 | 0.20 | 6.20 | 0.62 |
| 丰都县 | 0 | 0 | 0 | 0 | 0 | 0.00 | 0.00 | 0.00 |
| 涪陵区 | 13971 | 8529 | 2 | 401 | 5 | 42.68 | 32.78 | 14.00 |
| 武隆区 | 7450 | 1750 | 2 | 328 | 1 | 41.41 | 39.08 | 39.97 |
| 长寿区 | 0 | 0 | 0 | 0 | 0 | 0.00 | 0.00 | 0.00 |
| 渝北区 | 6703.9 | 2914 | 3 | 672 | 14 | 24.85 | 25.05 | 24.36 |
| 巴南区 | 16000 | 5250 | 5 | 392 | 11 | 7.00 | 10.20 | 13.87 |
| 南岸区 | 6944 | 3028.5 | 10 | 620 | 2 | 20.96 | 25.15 | 12.18 |
| 江北区 | 700 | 320 | 1 | 34 | 11 | 7.60 | 5.80 | 1.20 |
| 渝中区 | 1989 | 1285 | | | 48 | 7.40 | 9.10 | 2.50 |
| 沙坪坝区 | 6381.5 | 3140 | 4 | 439 | 6 | 8.67 | 11.34 | 11.04 |
| 北碚区 | 20356 | 3398.6 | 15 | 512 | 10 | 50.29 | 51.96 | 38.80 |
| 九龙坡区 | 2984 | 1400 | 1 | 150 | 1 | 20.00 | 20.00 | 15.00 |
| 大渡口区 | 2099 | 1100 | 1 | 200 | 15 | 10.76 | 10.89 | 7.39 |

| 区县/单位 | 藏品情况 | | | | | 参观人数（万人） | | |
|---|---|---|---|---|---|---|---|---|
| | 场馆面积（平方米） | 展厅面积（平方米） | 基本陈列（个） | 展品数量（件/套） | 临时展览（个） | 2018年 | 2019年 | 2020年 |
| 江津区 | 17955 | 11430 | 3 | 1 | 1 | 110.40 | 113.20 | 124.85 |
| 两江新区 | 0 | 0 | 0 | 0 | 0 | 0.09 | 0.09 | 0.09 |
| 高新区 | 0 | 0 | 0 | 0 | 0 | 0.00 | 0.00 | 0.00 |
| 三峡博物馆 | 62000 | 27000 | 12 | 16295 | 37 | 218.00 | 252.00 | 72.60 |
| 红岩联线 | 9600 | 6700 | 2 | 930 | 11 | 1000.00 | 1200.00 | 240.00 |
| 市文化遗产研究院 | 0 | 0 | 0 | 0 | 0 | 0.00 | 0.00 | 0.00 |
| 自然博物馆 | 36000 | 16252 | 8 | 9000 | 20 | 150.50 | 139.30 | 62.30 |
| 湖北 | | | | | | | | |
| 秭归县 | 9058 | 4300 | 2 | 33 | 7 | 78.1 | 104.3 | 66.92 |
| 兴山县 | 2100 | 1900 | 2 | 74 | 1 | 15.4 | 17.5 | 5.4 |
| 夷陵区 | 11845 | 7745 | 5 | 828 | 3 | 48.8 | 54.85 | 6.5 |
| 宜昌博物馆（新馆） | 43001 | 14950 | 9 | 5064 | 4 | 0 | 61.58 | 10.52 |
| 宜昌博物馆（老馆） | 7400 | 2000 | 1 | 514 | 1 | 31.4 | 0 | 0 |
| 巴东县 | 35000 | 1280 | 4 | 468 | 0 | 19.8 | 11.5 | 5.95 |
| 合计 | 391270 | 158455 | 123 | 43081 | 276 | 2292.2 | 2600.1 | 992.36 |

## 附表 20　三峡文物价值阐释研究情况统计表（2018～2020 年）

| 区县 | 研究情况 | | | | 宣传展示 | | 文创产品 | |
|---|---|---|---|---|---|---|---|---|
| | 科研项目（个）（省部级） | 发表论文（篇） | 出版图书（部） | 音像制品(种) | 学术活动（次） | 文化活动（次） | 类 | 种 |
| 重庆 | | | | | | | | |
| 巫山县 | | 8 | 3 | | 19 | 72 | 3 | 36 |
| 巫溪县 | | | 0 | | | 78 | 3 | 16 |
| 奉节县 | | 4 | 2 | | | 3 | 2 | 35 |
| 云阳县 | | 10 | 1 | | 11 | | 2 | 3 |
| 开州区 | | 16 | 9 | 18 | 2 | 133 | 9 | 29 |
| 万州区 | 2 | 12 | 5 | 25 | 39 | 648 | 6 | 23 |
| 忠县 | | 16 | 1 | | 9 | 270 | 6 | 50 |
| 石柱县 | | | 0 | | | 5 | | |
| 丰都县 | | | 1 | | | 6 | | |
| 涪陵区 | 1（1） | 20 | 5 | 2 | 6 | 26 | 13 | 26 |
| 武隆区 | | 18 | 3 | | 20 | 140 | 5 | 20 |
| 长寿区 | | 3 | 1 | | | 5 | | |
| 渝北区 | | 4 | 0 | | | 263 | 4 | 22 |
| 巴南区 | | | 0 | | | 46 | 22 | 30 |
| 南岸区 | 2 | 6 | 1 | 3 | 3 | | | |
| 江北区 | | | 1 | | | 49 | | 7 |
| 渝中区 | | | 0 | | 17 | 3 | 2 | 2 |
| 沙坪坝区 | | | 6 | | | | 19 | 45 |
| 北碚区 | | 6 | 6 | | 10 | 52 | 34 | 200 |
| 九龙坡区 | | 2 | 3 | | 10 | 15 | 1 | 1 |
| 大渡口区 | | 2 | 2 | | 23 | 275 | 6 | 7 |
| 江津区 | 3（1） | 10 | 1 | | | 20 | 12 | 23 |

| 区县 | 研究情况 | | | | 宣传展示 | | 文创产品 | |
|---|---|---|---|---|---|---|---|---|
| | 科研项目（个）（省部级） | 发表论文（篇） | 出版图书（部） | 音像制品(种) | 学术活动（次） | 文化活动（次） | 类 | 种 |
| 两江新区 | | | 0 | | | | | |
| 高新区 | | | 0 | | | | | |
| 三峡博物馆 | 27（18） | 366 | 25 | | 44 | 3239 | 9 | 582 |
| 红岩联线 | 40（27） | 1243 | 75 | 1 | 37 | 34000 | 10 | 128 |
| 市文化遗产研究院 | 15（3） | 176 | 15 | | 13 | 8 | 1 | 4 |
| 自然博物馆 | 10（4） | 108 | 9 | | 2 | 300 | 7 | 837 |
| 湖北 | | | | | | | | |
| 秭归县 | 0 | 11 | 0 | 0 | 2 | 20 | 0 | 0 |
| 兴山县 | 0 | 0 | 0 | 0 | 0 | 15 | 0 | 0 |
| 夷陵区 | 0 | 7 | 1 | 0 | 6 | 42 | 0 | 0 |
| 宜昌博物馆 | 0 | 37 | 8 | 0 | 8 | 179 | 7 | 102 |
| 合计 | 102（54） | 2085 | 184 | 49 | 281 | 39912 | 183 | 2228 |

# 附录一 国家文物局函件

## 国家文物局办公室关于开展三峡库区历史文化遗产资源专题调查工作的通知

办保函〔2021〕391号

重庆市文物局、湖北省文物局：

为贯彻落实习近平总书记关于长江文化资源保护、利用和传承的重要批示精神，全面掌握三峡库区历史文化遗产资源现状，我局决定组织开展三峡库区历史文化遗产资源专题调查工作，现将有关事项通知如下：

## 一 调查目的与意义

推动长江经济带发展，是以习近平同志为核心的党中央作出的重大决策，是关系国家发展全局的重大战略。长江文化资源的保护、利用和传承是实现长江经济带高质量协调发展的重要内容之一。通过专题调查，全面掌握三峡库区历史文化遗产资源保护、利用与传承基本情况，形成专题调查报告，为科学编制三峡库区文物保护利用总体规划、全面提升三峡库区文物保护利用水平、有效发挥文物在国民经济和社会发展总体布局中的积极作用提供基础依据。

## 二 调查范围、内容和成果

本次专题调查范围和内容主要为三峡库区范围内的不可移动文物、可移动文物、历史文化名城名镇名村、历史文化街区、传统村落和非物质文化遗产的基本情况、保存现状、保护管理及活化利用情况等，最终形成《三峡库区历史文化遗产资源专题调查报告》。

## 三、调查时间安排

本次专题调查从 2021 年 5 月开始，到 2021 年 9 月结束，分三个阶段进行。专项调查资料信息截止时间为 2020 年 12 月 31 日。2021 年 5 月为第一阶段，主要任务是制定调查工作实施方案，组建调查队伍，收集已有数据、资料等；2021 年 6 月至 8 月为第二阶段，主要任务是以县域为单元，组织开展实地调查和数据的采集、汇总工作；2021 年 9 月为第三阶段，主要任务是整理汇总调查数据资料，编制专题调查报告。

## 四、调查组织实施

国家文物局负责领导、组织专题调查工作，协调解决重大问题和难点问题；国家文物局考古研究中心负责调查的相关组织协调和成果汇总工作，并设立专家组承担技术指导和咨询评估工作；重庆市和湖北省文物行政部门按照国家文物局统一部署，与国家文物局考古研究中心加强合作，制定本省市具体的调查工作方案，确定调查的组织机构、负责人和牵头单位，并做好专项调查的组织实施和质量把控。各有关单位各司其职、各负其责、加强协作，确保按期完成专题调查工作。

## 五、资料填报和管理

专题调查工作相关单位和人员要按有关规定和专题调查工作实施方案要求，如实填报调查信息，确保调查质量。任何地方、部门、单位和个人不得虚报、瞒报、拒报、迟报，不得伪造、篡改调查资料。专题调查工作有关单位和人员要妥善保存调查数据和资料，不得擅自发布，对其中涉及的国家秘密，必须履行保密义务。

# 六、调查经费

调查工作经费按照《国家文物保护专项资金管理办法》相关规定，从国家文物保护专项资金中列支。

特此通知。

附件：三峡库区历史文化遗产资源专题调查工作方案[1]

国家文物局办公室

2021 年 4 月 23 日

---

[1]　本书为了叙述方便，将此附件作为附录二收入。

# 附录二 三峡库区历史文化遗产资源
# 专题调查工作方案

## 一 调查背景

推动长江经济带发展，是以习近平同志为核心的党中央做出的重大决策，是关系国家发展全局的重大战略。长江文化资源的保护、利用和传承是实现长江经济带高质量协调发展的重要内容之一。

2021 年 3 月，习近平总书记对三峡库区文物保护、利用做出重要批示。为贯彻落实习近平总书记重要批示精神，国家文物局决定由国家文物局考古研究中心会同重庆市和湖北省相关专业力量，对三峡库区文化文物资源做一次起底式调查，系统梳理包括文物、历史文化名城名镇名村、历史文化街区、传统村落和非物质文化遗产在内的历史文化遗产资源，于 2021 年 10 月前形成专题调查报告。

## 二 调查目标

通过调查，全面掌握三峡库区历史文化遗产资源的基本情况以及保护、利用与传承状况，形成专题调查报告。通过对三峡库区历史文化遗产资源保护利用情况进行系统梳理和分析，提出针对性政策和措施建议，为编制三峡库区文物保护利用总体规划、全面提升新时期三峡库区文物保护利用水平提供决策依据。

# 三　调查范围和内容

## （一）调查范围

本次调查涉及三峡库区重庆市和湖北省的 26 个区、县全域范围，具体包括重庆市所辖的巫山县、巫溪县、奉节县、云阳县、开州区、万州区、忠县、涪陵区、丰都县、武隆区、石柱土家族自治县、长寿区、渝北区、巴南区、江津区，以及重庆核心城区的渝中区、北碚区、沙坪坝区、南岸区、九龙坡区、大渡口区和江北区；湖北省宜昌市所辖的秭归县、兴山县、夷陵区，恩施土家族苗族自治州所辖的巴东县。

## （二）调查对象

三峡库区范围内的不可移动文物、可移动文物、历史文化名城名镇名村、历史文化街区、传统村落和非物质文化遗产。

## （三）调查内容

在全面掌握三峡库区历史文化遗产资源基本情况基础上，重点调查三峡库区文物保护与利用的现状，包括：

### 1. 不可移动文物

以县级文物主管部门登记公布的不可移动文物为基础，调查不可移动文物基本信息，包括名称、位置、级别、年代、类别、数量（规模）、保存状况、产权、管理和利用情况等。

### 2. 可移动文物

以国有文物收藏单位登记在册的可移动文物为基础，调查可移动文物基本信息，包括名称、级别、年代、类别、完残程度、保存状况、数量、来源、保管机构等，以及三峡库区出土文物整理、登记、定级、保护修复和展陈利用情况等。

### 3. 文物保护管理机构

包括文物保护管理机构基本情况、人员编制、场馆面积、藏品数量、展陈面积、展品数量，以及文物保护、考古发掘、研究阐释、文创产品开发情况等。

### 4. 不可移动文物保护利用需求

调查不可移动文物在保护规划编制与方案设计、考古发掘、本体保护维修、保护设施、展示利用设施、环境整治、配套基础设施建设等方面的工作计划和资金需求。

### 5. 馆藏文物保护修复需求

调查馆藏珍贵文物抢救修复、预防性保护、数字化保护利用等工作思路和资金需求，以及国有博物馆新建、改建和扩建项目、面积和资金需求等。

### 6. 调查统计各级历史文化名城名镇名村、历史文化街区、传统村落和非物质文化遗产基本信息

包括名称、所在地、级别、类别、公布时间、保护管理机构等。

### 7. 三峡库区文物活化利用现状

## 四　调查方式

（一）调查主要利用已有相关调查成果、规划计划及工作资料，包括第三次全国文物普查、第一次全国可移动文物普查、三峡库区文物保护专项验收，历史文化名城名镇名村、历史文化街区和非物质文化遗产名录等。在此基础上，对历史文化遗产资源的保护、利用情况进行梳理分析。

（二）调查以县域为基本调查单元。调查的具体组织实施，文物信息数据的采集、汇总，调查资料档案的建立，名录的编制等均以县级行政区域为基本单位。

（三）调查工作由国家文物局考古研究中心依据已有相关调查标准规范和质量控制标准，确定本次调查的相关工作要求、调查统计表

格和调查报告体例等，并对上报的调查数据和资料开展抽查复核。

# 五 组织实施

（一）国家文物局负责调查工作的组织和领导，协调解决调查中的重大问题和难点问题。

（二）国家文物局考古研究中心负责调查相关的组织协调和技术性工作。包括拟定调查工作要求、编制调查统计表格和报告体例等，对调查过程和上报的调查资料信息进行抽查复核，必要时赴现场进行复核；负责最终数据的汇总分析和调查总报告的编写。

（三）重庆市和湖北省文物行政部门负责本省市调查工作的组织实施。包括确定调查的组织机构、负责人和实施机构等；负责审核验收本省市调查数据和相关材料；整理、汇总本省市调查数据和资料，并编制本省市调查报告。

（四）各有关区县负责辖区范围内具体调查工作，包括信息录入、统计和资料汇总等。

# 六 进度安排

调查工作从 2021 年 5 月开始，至 2021 年 9 月结束。调查资料信息截止时间为 2020 年 12 月 31 日。

第一阶段：2021 年 5 月。主要是组建调查领导小组、工作组和专家组，制定调查工作方案、调查表格和报告体例；重庆市和湖北省编制本省市具体的调查工作要求和报告体例，组建调查队伍；国家文物局印发调查通知。

第二阶段：2021 年 6 ～ 8 月。主要是重庆市和湖北省组织开展实地调查和数据的采集录入，对调查数据和资料进行汇总验收，编制完成本省市的调查报告；国家文物局考古研究中心开展上报材料抽查复核工作。

第三阶段：2021 年 9 月。主要是国家文物局考古研究中心完成最终调查数据和资料的汇总和分析，编制完成专题调查总报告。

# 七　组织保障

（一）领导小组

组长：宋新潮

副组长：幸军、段天玲、闫亚林、罗静、唐炜

成员：金瑞国、辛泸江、张建华

（二）项目工作组

国家文物局考古研究中心考古所：余建立、杨睿

（三）项目专家组

乔梁、王立平、张治强、王川平、邹后曦、王风竹、郝国胜、黄雪寅、许凯

# 八　经费保障

调查工作经费按照《国家文物保护专项资金管理办法》相关规定，从国家文物保护专项资金考古调查经费中列支。

附件 1　三峡库区历史文化遗产资源调查报告体例

附件 2　三峡库区不可移动文物调查登记表

附件 3　三峡库区可移动文物调查登记表

附件 4　三峡库区出土文物基本情况统计表

附件 5　三峡库区历史文化名城名镇名村、历史文化街区及传统村落基本情况统计表

附件 6　三峡库区非物质文化遗产基本情况统计表

附件 7　三峡库区文物保护管理机构情况统计表

附件 8　三峡库区文物保护利用需求调查统计表

## 附件 1　三峡库区历史文化遗产资源调查报告体例

第一部分　调查工作基本情况

一、开展调查的时间、人员和调查对象

二、调查工作采取的主要方法和技术手段

三、调查工作流程

四、调查质量控制（数据采集与数据处理标准与规范）

第二部分　调查数据汇总分析

一、总体情况

调查对象的总体数量以及调查产生的表格、数据和其他资料数量统计等。

二、分类统计

（一）不可移动文物基本情况统计

按位置、级别、年代、类别、数量、保存状况等分别进行统计。

（二）可移动文物基本情况统计

按级别、年代、类别、完残程度、保存状况、数量、保管机构等分别进行统计。

（三）历史文化名城名村名镇、历史文化街区及传统村落基本情况统计

按所在地、类别、级别、公布时间、保护管理机构等分别进行统计。

（四）非物质文化遗产基本情况统计

按所在地、类别、级别、公布时间、保护管理机构等分别进行统计。

三、文物保护管理机构情况

文物保护管理机构基本情况、人员编制、场馆面积、藏品数量、展览面积、展品数量，以及文物保护、考古发掘、研究阐释、文创产品开发情况等。

四、保护研究利用现状

（一）不可移动文物保护规划编制、考古研究、价值研究与阐释情况，保护、展示、利用项目实施情况，开放参观情况等。

（二)可移动文物的保管、保护设施设备配备,保护修复数量,展览、

展品数量，智慧博物馆、数字博物馆、互联网＋展览等建设和应用情况，价值研究与阐释情况，文创产品开发，论坛、讲座及其他文化活动情况等。特别是三峡库区出土文物的整理、登记、定级、保护修复和展陈利用情况等。

（三）文物活化利用和文旅融合的主要经验做法。

第三部分　存在的问题和需求分析

一、不可移动文物保护管理利用，涉及保护规划编制、考古发掘、本体保护、展示利用、环境整治、配套基础设施建设等方面存在的问题和需求分析。

二、可移动文物保护管理利用，涉及保护和展示设施设备配备，保护修复、预防性保护和数字化保护利用等方面存在问题和需求分析。

第四部分　对策和措施建议

从法规政策、保护利用体制机制、科技支撑、机构人员编制、经费投入、场馆设施建设、社会参与等方面提出对策和措施建议。

附：历史文化遗产资源名录

## 附件 2　三峡库区不可移动文物调查登记表

□复查　□新发现

| 名　称 | | | | 代　　码 | |
|---|---|---|---|---|---|
| 地理位置 | | 省（自治区/直辖市）　　　市（州）　　　县（区）　　　镇（乡/街道）　　　村（居委会） | | | |
| 级　别 | | □全国重点文物保护单位　　□省级文物保护单位　　□地（市）级文物保护单位　　□县（市）级文物保护单位　　□未定级 | | | |
| 统计年代 | | □旧石器时代　□新石器时代　□夏商周（含春秋）　□战国秦汉　□三国两晋南北朝　□隋唐五代　□宋辽金元　□明代　□清代　□近现代　□不详 | | | |
| 类　别 | | □古遗址　□古墓葬　□古建筑　□石窟寺及石刻　□近现代重要史迹及代表性建筑　□其他 | | | |
| 单体文物数量（个） | | | | | |
| 保存状况 | | □好　□较好　□一般　□较差　□差 | | | |
| 所有权 | | □国家所有　□集体所有　□私人所有　□其他 | | | |
| 保护管理情况 | 保护规划 | □已公布　□已编制未公布　□编制中　□未编制 | | | |
| | 管理机构 | 机构类型 | □专门管理机构　□文物行政部门管理　□其他单位代管 | | |
| | | 机构名称 | | | |
| 开放利用情况 | 利用方式 | 开放参观 | □博物馆　□遗址公园　□纪念馆　□旅游景区　□其他 | | |
| | | 其他用途 | □办公场所　□居住场所　□教育场所　□宗教活动　□军事设施　□工农业生产　□无人使用　□其他用途_____ | | |

注：（1）参照第三次全国文物普查登记表有关要求填写。（2）保护规划只填写全国重点文物保护单位和省级文物保护单位情况。

## 附件3　三峡库区可移动文物调查登记表

□复查　□新登记

| 序号 | 项目名称 | | 内容 |
|---|---|---|---|
| 1 | 保管机构 | 名称 | |
| | | 类型 | □博物馆　□考古所　□纪念馆　□其他＿＿＿ |
| | | 隶属 | □文物系统　□其他＿＿＿ |
| 2 | 登记号 | | |
| 3 | 文物名称 | | |
| 4 | 文物级别 | | □一级文物　□二级文物　□三级文物　□一般文物　□未定级 |
| 5 | 文物类别 | | □玉石器、宝石　□陶器　□瓷器　□铜器　□金银器　□铁器　□其他金属器　□漆器　□雕塑、造像　□石器　□石刻、砖瓦　□书法、绘画　□文具　□甲骨　□玺印符牌　□钱币　□牙骨角器　□竹木雕　□家具　□玻璃器　□珐琅器　□织绣　□古籍图书　□碑帖拓本　□邮品　□文件、宣传品　□档案文书　□名人遗物　□乐器、法器　□皮革　□音像制品 R 票据　□度量衡器　□运输工具、交通　□标本、化石　□其他＿＿＿ |
| 6 | 年代 | | □旧石器时代　□新石器时代　□夏　□商　□周　□秦　□汉　□三国　□西晋　□东晋十六国　□南北朝　□隋　□唐　□五代十国　□宋　□辽　□西夏　□金　□元　□明　□清　□民国　□中华人民共和国 |
| 7 | 完残程度 | | □完整　□基本完整　□残缺　□严重残缺（含缺失部件） |
| 8 | 保存状态 | | □状态稳定，不需修复　□部分损腐，需要修复　□腐蚀损毁严重，急需修复　□已修复 |
| 9 | 包含文物数量 | | |

注：（1）参照第一次全国可移动文物普查登记表有关要求填写。（2）调查时每件（套）文物单独填写一张表格，提交汇总时以保管机构为单位，按文物级别、类别、年代、完残程度和保存状态统计汇总成一张统计表格。

**附件 4　三峡库区出土文物基本情况统计表**　　（以省 / 直辖市为单位填写）

| 序号 | 区县<br>（单位） | 出 土 文<br>物数量 | 整理登记<br>数量 | 已定级<br>数量 | 已修复<br>数量 | 已展陈利<br>用数量 | 需修复<br>数量 | 保护修复<br>经费需求 |
|---|---|---|---|---|---|---|---|---|
| 1 | | | | | | | | |
| 2 | | | | | | | | |
| 3 | | | | | | | | |
| 4 | | | | | | | | |
| 5 | | | | | | | | |
| 6 | | | | | | | | |
| 7 | | | | | | | | |
| 8 | | | | | | | | |
| 9 | | | | | | | | |
| 10 | | | | | | | | |

注：本表仅统计三峡库区1997年以来实施的地下文物保护项目出土文物情况。

**附件 5　三峡库区历史文化名城名镇名村、历史文化街区及传统村落**
**基本情况统计表**　　（以省 / 直辖市为单位填写）

| 序号 | 名称 | 所在地 | 类别 | 级别 | 公布时间 | 保护管理机构 |
|---|---|---|---|---|---|---|
| 1 | | | | | | |
| 2 | | | | | | |
| 3 | | | | | | |
| 4 | | | | | | |
| 5 | | | | | | |
| 6 | | | | | | |
| 7 | | | | | | |
| 8 | | | | | | |
| 9 | | | | | | |
| 10 | | | | | | |
| 11 | | | | | | |
| 12 | | | | | | |

| 序号 | 名称 | 所在地 | 类别 | 级别 | 公布时间 | 保护管理机构 |
|------|------|--------|------|------|----------|--------------|
| 13 | | | | | | |
| 14 | | | | | | |
| 15 | | | | | | |
| 16 | | | | | | |
| 17 | | | | | | |
| 18 | | | | | | |
| 19 | | | | | | |
| 20 | | | | | | |

注：（1）类别分为历史文化名城、历史文化名镇、历史文化名村、历史文化街区、传统村落。
（2）级别统计至县级。

## 附件 6　三峡库区非物质文化遗产基本情况统计表

（以省 / 直辖市为单位填写）

| 序号 | 名称 | 所在地 | 类别 | 级别 | 公布时间 | 保护管理机构 |
|------|------|--------|------|------|----------|--------------|
| 1 | | | | | | |
| 2 | | | | | | |
| 3 | | | | | | |
| 4 | | | | | | |
| 5 | | | | | | |
| 6 | | | | | | |
| 7 | | | | | | |
| 8 | | | | | | |
| 9 | | | | | | |
| 10 | | | | | | |
| 11 | | | | | | |
| 12 | | | | | | |
| 13 | | | | | | |
| 14 | | | | | | |

| 序号 | 名称 | 所在地 | 类别 | 级别 | 公布时间 | 保护管理机构 |
|------|------|--------|------|------|----------|--------------|
| 15 | | | | | | |
| 16 | | | | | | |
| 17 | | | | | | |
| 18 | | | | | | |
| 19 | | | | | | |
| 20 | | | | | | |

注：（1）类别按《中华人民共和国非物质文化遗产法》规定，分为传统口头文学以及作为其载体的语言，传统美术、书法、音乐、舞蹈、戏剧、曲艺和杂技，传统技艺、医药和历法，传统礼仪、节庆等民俗，传统体育和游艺，及其他非物质文化遗产六大类。（2）级别统计至县级。

## 附件 7　　三峡库区文物保护管理机构情况统计表　（以区县为单位填写）

<table>
<tr><td rowspan="5">基本情况</td><td>机构数量</td><td colspan="6"></td></tr>
<tr><td>机构类型</td><td colspan="6">博物馆 ＿＿＿ 家 考古所 ＿＿＿ 家 文管所 ＿＿＿ 家 纪念馆 ＿＿＿ 家 其他 ＿＿＿＿＿ 家</td></tr>
<tr><td>级　别</td><td colspan="6">省级 ＿＿＿ 家 地市级 ＿＿＿ 家 区县级 ＿＿＿ 家 乡镇街道级 ＿＿＿ 家 其他 ＿＿＿ 家</td></tr>
<tr><td>隶属关系</td><td colspan="3">文物系统 ＿＿＿ 家，其他 ＿＿＿ 家</td><td>已建网站</td><td colspan="2">＿＿＿ 家</td></tr>
<tr><td colspan="7"></td></tr>
</table>

<table>
<tr><td rowspan="14">藏品情况</td><td rowspan="2">总数(件/套)</td><td colspan="4">定级文物（件/套）</td><td colspan="2">未定级文物（件/套）</td></tr>
<tr><td>一级文物</td><td>二级文物</td><td>三级文物</td><td>一般文物</td><td colspan="2"></td></tr>
<tr><td colspan="5"></td><td colspan="2"></td></tr>
<tr><td rowspan="4">建档情况</td><td colspan="2">文物纸质建档率</td><td>＿＿＿＿＿＿%</td><td rowspan="2">保管情况</td><td colspan="2">库房数量（个）</td></tr>
<tr><td colspan="2"></td><td></td><td colspan="2"></td></tr>
<tr><td colspan="2">文物数字建档率</td><td>＿＿＿＿＿＿%</td><td colspan="2">库房面积（平方米）</td></tr>
<tr><td colspan="2"></td><td></td><td></td><td colspan="2"></td></tr>
<tr><td rowspan="2">修复情况</td><td colspan="3">已修复文物数量（件/套）</td><td rowspan="2">数字化情况</td><td colspan="2">已数字化文物数量（件/套）</td></tr>
<tr><td colspan="3"></td><td colspan="2"></td></tr>
<tr><td rowspan="5">展示情况</td><td colspan="6">场馆面积（平方米）</td></tr>
<tr><td colspan="6"></td></tr>
<tr><td colspan="3">展厅面积（平方米）</td><td colspan="3">展品数量（件/套）</td></tr>
<tr><td colspan="3"></td><td colspan="3"></td></tr>
<tr><td colspan="3">基本陈列（个）</td><td colspan="3">临时展览（个）</td></tr>
</table>

<table>
<tr><td rowspan="2">参观人数</td><td>2018 年</td><td colspan="2">2019 年</td><td colspan="3">2020 年</td></tr>
<tr><td></td><td colspan="2"></td><td colspan="3"></td></tr>
</table>

<table>
<tr><td rowspan="2">文物保护</td><td rowspan="2">项 目 数 量（个）</td><td>保护规划编制</td><td>本体保护维修</td><td>保护设施</td><td>展示利用设施</td><td>环境整治</td><td>基础设施建设</td><td>其他</td></tr>
<tr><td></td><td></td><td></td><td></td><td></td><td></td><td></td></tr>
</table>

<table>
<tr><td rowspan="2">考古发掘</td><td>发掘项目（个）</td><td colspan="2">发掘面积（平方米）</td><td colspan="2">出土器物（件/套）</td></tr>
<tr><td></td><td colspan="2"></td><td colspan="2"></td></tr>
</table>

<table>
<tr><td rowspan="4">人员编制</td><td rowspan="2">人员构成</td><td>总数</td><td>专业技术人员</td><td>管理人员</td><td>服务人员</td><td>安保人员</td><td>其他</td></tr>
<tr><td></td><td></td><td></td><td></td><td></td><td></td></tr>
<tr><td rowspan="2">职称情况</td><td colspan="2">高级职称</td><td colspan="2">中级职称</td><td>初级职称</td><td>无职称</td></tr>
<tr><td colspan="2"></td><td colspan="2"></td><td></td><td></td></tr>
</table>

<table>
<tr><td rowspan="2">研究阐释</td><td>研究情况</td><td>研究项目 ＿＿＿ 个（其中省部级以上 ＿＿＿ 个），论文 ＿＿＿ 篇，展览图录 ＿＿＿ 部，研究专著 ＿＿＿ 部，普及性读物 ＿＿＿ 部，音像制品 ＿＿＿ 种。</td></tr>
<tr><td>宣传展示</td><td>学术活动 ＿＿＿ 次，文化活动 ＿＿＿ 次。</td></tr>
<tr><td>文创产品开发</td><td colspan="2">＿＿＿ 类 ＿＿＿ 种</td></tr>
</table>

注：（1）展览数量、文物保护、考古发掘、研究阐释和文创产品开发等统计时间为2018～2020年。（2）保护规划只填写全国重点文物保护单位和省级文物保护单位情况。

## 附件 8　三峡库区文物保护利用需求调查统计表

（以区县为单位填写）

**可移动文物**

| | 新建博物馆 | | 博物馆改扩建 | | 新建文物库房 | | 保护设施设备 | | | | | 待修复藏品数量 | 拟新办展览数量 | 其他 | 合计 |
|---|---|---|---|---|---|---|---|---|---|---|---|---|---|---|---|
| | 数量 | 面积 | 数量 | 面积 | 数量 | 面积 | 安防监控 | 消防设施 | 环境控制 | 柜架囊匣 | 其他 | | | | |
| 需求 | | | | | | | | | | | | | | | |
| 经费估算 | | | | | | | | | | | | | | | |

**不可移动文物**

| | 文物保护规划和方案设计 | 考古发掘 | 本体保护维修 | 保护性设施 | 展示利用设施 | 环境整治 | 基础设施建设 | 其他 | 合计 |
|---|---|---|---|---|---|---|---|---|---|
| 需求 | | | | | | | | | |
| 项目数量 | | | | | | | | | |
| 经费估算 | | | | | | | | | |

注：保护规划只填写全国重点文物保护单位和省级文物保护单位情况。

公开形式：不公开

抄送：国家文物局考古研究中心、本局办公室、博物馆与社会文物司。

# 后　记

　　三峡以其壮美的自然风光和悠久的历史文化闻名于世，三峡工程是举世无双的水利枢纽工程，三峡文物保护则是举世瞩目的重大事业，功在当代，利在千秋。

　　本调查报告是集体智慧的结晶，并参照了大量以往三峡文物保护利用取得的基础资料和工作成果。报告由国家文物局考古研究中心余建立负责编撰、统稿，主要编写人员包括重庆市文化和旅游发展委员会（重庆市文物局）副主任幸军、文物保护与考古处处长熊子华，重庆市文物考古研究院院长白九江，湖北省文物事业发展中心刘杰、陈曼、李雁、袁青竹等。报告使用的图片资料由湖北省文化和旅游厅、重庆市文化和旅游发展委员会提供。国家文物局考古司对本调查报告编写和完善提出诸多意见。

　　三峡大规模文物抢救行动自 1997 年启动以来，已历时二十余载，取得的工作经验和成果浩如烟海。由于调查工作时间紧、任务重，调查报告的篇幅有限，难以体现三峡文物保护利用的全貌，难免有错漏和不足之处，请读者指正。

　　最后，感谢文物出版社责任编辑秦或为本书出版付出的辛劳，使此次调查成果尽早公布，为后续三峡文物保护利用工作提供基础资料。

《三峡历史文化遗产资源专题调查报告》编写组

2023 年 11 月